素质教育背景下高校教育教学管理制度改革的研究

朱爱青 ◎ 著

中国纺织出版社

图书在版编目（CIP）数据

素质教育背景下高校教学管理制度改革的研究 /朱爱青著. -- 北京 : 中国纺织出版社, 2019.5 （2024.2重印）

ISBN 978-7-5180-4302-6

Ⅰ. ①素… Ⅱ. ①朱… Ⅲ. ①高等学校－教学管理－规章制度－研究－中国 Ⅳ. ①G647.3

中国版本图书馆CIP数据核字(2017)第282131号

责任编辑：汤　浩　　　　**责任印制**：储志伟

中国纺织出版社出版发行

地　　址：北京市朝阳区百子湾东里A407号楼　　**邮政编码**：100124

销售电话：010-67004422　　**传真**：010-87155801

http://www.c-textilep.com

E-mail：faxing@c-textilep.com

中国纺织出版社天猫旗舰店

官方微博http://weibo.com/2119887771

北京兰星球彩色印刷有限公司印刷　各地新华书店经销

2019年5月第1版　2024年2月第5次印刷

开　　本：880mm×1230mm 1/32 **印张**：4.75

字　　数：108千字 **定价**：48.00元

凡购买本书，如有缺页、倒页、脱页由本社图书营销中心调换

前言 preface

本书以素质教育为背景，着重从宏观的角度探讨了高职教育教学管理制度的改革创新问题。笔者认为教学管理是一项综合性、系统性、技术性很强的并直接服务于培养人才的管理工作，而素质教育对教学管理的要求又进一步提高了，传统的管理要适应它，不仅要从方式、方法及手段上变换，更重要的是要从思想认识和观念及管理者素质上解决问题。这其中包含了高职实施素质教育的目的是什么，素质教育实施对高职教育教学管理提出新挑战是什么，素质教育与教学管理两者有何关系，素质教育背景下的教学管理需要树立什么样的观念，现行的教学管理模式为什么不能适应素质教育，怎么做好素质教育背景下的教学管理制度改革创新等，并且还要站在一定的高度系统地观察和分析问题。

本书对素质教育背景下高职教育教学管理制度改革的研究理论与实践研究尚欠深入，有可商榷之处，这是在所难免的。笔者将对其进行更深入的研究，希望能够形成一些新的理论成果。

朱爱清

2017 年 10 月

目录

第一篇 绪论

第一章 引言

第一节 研究背景

我国高职实施素质教育的根本目的是在全面提高全体学生的综合素质的基础上，培养基础扎实、知识面宽、实践能力强、能够开拓创新的人才，即全面发展又具有创新能力的高素质专门人才，重点培养大学生的创新精神、实践能力和创业精神。高职素质教育高扬人在教育中的主体地位，在教育的过程中发现人的价值、发挥人的潜能、发展人的个性，着眼于培养健全富有人性的“人”。面向21世纪的世界各国在人才方面的竞争要求创新性人才的培养。随着知识经济的发展，高等学校以开发和激励学生的创新能力，培养创造性人才的素质教育成为现时代世界性的潮流。

深化教学改革，提高等教育学质量，培养创新型人才，必须加强和改进高职教育教学管理，实现管理创新。教学管理是高等学校各项管理工作的核心，是高职人才质量培养的基本保障。但是，我国运行了几十年的高等教育计划管理观念在很大程度上仍然制约着高等学校的教学管理，统一化和模式化的教学管理制度有碍于高职素质教育的实施，有碍于创新型人才的培养。从过去一个比较长的时期来看，我国培养的大学生基础扎实，但创新能力弱，这在日趋激烈的国际竞争中是明显处于劣势的。教学管理创新是教育创新的重要内容。面对知识化、信息化的时代背景，深化教学改革，提高等教育学质量，全面实施素质教育，推进教育创新，培养高素质创新型人才，要求高职教育教学管理提高科学化水平，要求高职教育教学管理制度改革创新。

实施高职素质教育对现行的高职教育教学管理提出了新的挑战，要求对传统的教学管理观念、教学管理制度和教学管理手段进行重大的变革，要求不断完善我国高职教育教学管理制度。全面推进高职素质教育离不开课堂教学，更离不开教学管理。教学管理是各级各类学校的中心工作，是全面实施素质教育的主渠道。教学管理是开展教学活动、提高等教育学质量、推进素质教育的重要保证。深化教学改革，提高等教育学质量，培养创新型人才，必须加强和改进高职教育教学管理。围绕实施素质教育的培养创新型人才这一根本目的，如何实现高职教育教学管理改革创新，就成为高等学校的一项迫切而重要的课题。而高等学校现在的教学管理制度越来越不适应未来形势发展的要求，迫切需要一种适应素质教育实施的教学管理制度。

本课题针对传统的教学管理制度中存在的问题和不足，全面审视高职现行教学管理制度的现状、特点及存在的问题，提出了高职在实施素质教育的背景下推进高职教育教学管理的改革创新，努力探索符合高职素质教育的“以人为本”的教学管理制度。

研究素质教育背景下我国高等学校的教学管理，对于进一步推动教学管理的创新有着十分重要的意义。一是讨论了高职素质教育背景下高职教育教学管理，这有利于高职素质教育的实施；二是探讨了高职素质教育对高职教育教学管理提出的要求，以及高职教育教学管理制度的改革创新，这是对高职教育教学管理理论的提升；三是引起高等学校领导、行政人员特别是高职教育教学管理人员对实施素质教育中出现新情况、新问题的重视，期望对他们的教学管理实践有所指导，使高职教育教学管理更好地适应素质教育的要求，培养更多的创新型人才，从这个角度来说，有一定的实践意义。

第二节 研究现状与动态

一、研究现状

我国教育界对教学管理研究日益关注，取得丰硕成果。就专著来说，自20世纪90年代以来，据不完全统计，已出版的有朱从矩主编《普通高等学校教学管理》（1990 年）、卢鸿德著《高等学校教学管理理论与实务》（1991 年）、戴寿椿著《高等学校教学管理研究》（1993 年）、王从，高辉等编著《高等学校工程教学管理》（1994 年）、徐玲著《普通高师教学管理理论与实践》（1997 年）、刘邦奇，齐平著《现代教学管理系统》（1997 年）、朱永新著《高等学校教学管理系统研究》（1998 年）、张泽贵著《教学管理运行机制的应用开发》（1998 年）、刘建安著《远程教育教学管理研究》（1999 年）、张楚廷著《大学教学学》（2002 年），等等。还有很多高等学校管理学或者高等教育管理学或大学教学等专著中有许多关于教学管理的论述。另外，还有大量的学术论文。这些专著与学术论文都从不同的角度、不同的侧面对高职教育教学管理进行了研究。对于新时期下如何完善高职教育教学管理问题的研究，国内近几年也有一定数量和质量的科研成果，但是对把教学管理制度放在高职素质教育背景下研究的创新这一专题，缺乏系统深入的研究。本研究在总结和借鉴已有成果的基础上，对当前高职教育教学管理制度存在的问题进行了分析，对高职素质教育背景下高职教育教学管理制度的改革创新进行了较为深入的理论探讨，并进一步提出了改革创新的策略措施。

二、基本概念的界定和说明

（一）高职教育教学管理制度的内涵

教学管理是为了实现教学目标，根据一定的原则、程序和方法，对教学活动进行计划、组织、领导和控制的过程。教学管理的实质，就是设计和保持一种良好的教学环境，使教师和学生在教学过程中高效率地达到既定的教学目标。教学管理的基本任务是：研究教学及其管理规律，改进教学管理工作，提高等教育学管理水平；建立稳定的教学秩序，保证教学工作正常运行；研究并组织实施教学改革；努力调动教师和学生教与学的积极性。

制度主义认为，制度是人类交往的规则，它为一个共同体所共有，并依靠某种惩罚得以贯彻。协调的制度能通过一定的秩序，将人类行为导入合理性轨道，从而很好地利用劳动分工，使组织内部富有活力。而有缺陷的制度会为组织带来不利影响。制度分为非正式制度和正式制度，非正式制度包括文化、习惯、伦理规范等，从人类经验中演化而来，在组织内部自发地执行并被模仿，潜移默化地起着重要作用；而正式制度产生于自上而下地强加和执行，它由政治过程产生的代理人设计和确立，并通过法定措施强制实施。关于制度的定义，不同的人从不同的角度有不同的规定。经济学家施密德认为，制度是人们之间有秩序的关系集，它确定了他们的权利，对别人权利的揭露（EXPOSUR）、特权和责任。政治学家笛韦尔热将制度定义为“制度作为一个实体活动的结构严密、协调一致的社会互动作用的整体，它理所当然地主要是在这个范围内设立模式”。而法律学家伯尔曼对制度的规定是“制度一词是为了执行特定社会任务而做的结构化安排”。以上关于制度的定义不免片面，最有代表性的解释出自诺思，他认为，制度是一个社会游戏规则，更规范地说，它们是为了决定人们的相互关系而人为设立的一些制约。根据《现代汉语字典》的解释，“制度”一词有两层意思：一是要求大家共同遵守的办事规则与行动准则；二是一定的历史条件下形成的政治、经济、文化等方面的体系。

高职教育教学管理制度是一个多层次、多序列、多职能的完整体系，从不同的角度有不同的划分与理解。从广义上讲，高职教育教学管理制度就是在一定的教育发展条件下形成的教学管理体系，是由诸多元素与部件构成完整的具有特定目的与功能的整体，各个元素或部件在构成上的变化直接影响高等教育功能的发挥与高等教育目的的实现。这个整体或者说系统总是随着时代与社会的变化而不断地变化，变化可以是主动的也可以是被动的，可以是宏观方面的也可以是微观方面。每当高等教育教学不适应时代与社会的变化所提出的新要求时，高等教育就要通过制度上的改革与发展来适应这种要求。高职教育教学管理制度本身就是在不断适应社会需要的过程中形成和发展起来的。但从狭义上讲，高职教育教学管理制度就是指根据人才培养目标和规格要求，在一定教学管理思想与理念的指导下，对高职教学活动进行计划、组织、协调和控制的基本制度。教学管理制度可以统筹教学需求，配置教学资源，协调教学活动，规范教学行为，整合教学要素，维护师生利益，保证教学质量，提高管理水平。

为了提高高等教育的教学质量，各国都努力在实践中探索加强教学管理，并从制度上提供保障。大学的成功与否和采用哪种教学管理制度无绝对的关系，关键是大学所采用的制度是否适应学校教学管理的需要。

（二）高职教育教学管理的职能分析

在教学管理活动中，必须正确、恰如其分地发挥出管理职能，才能形成有效、系统的管理过程。通过对教学管理活动的实践和理论研究，决策——计划——组织——实施——指挥——协调——监督——检查——总结，既是教学管理过程中相互联系的环节，也是教学管理的职能，大致可以做如下划分。

1. 决策与计划职能

决策与计划是教学管理的首要职能。决策就是人们对未来实践的方向、目标、原则、方法和手段所做出的选择和决定；计划是根据决策和目标的要求，进行统筹安排，拟订实施方法和程序，制定相应的策略、政策等。决策是计划的前提，计划使决策具体化，决策与计划是整个管理工作的基础。教学管理决策包括目标预测和目标决策。高等学校作为培养国家高级人才的基地，对人才培养的目标有明确的规定。教学系统自身发展的目标是指与教育目标相适应的办学规模、办学条件、师资队伍等方面的发展目标。目标决策主要是对教学目标和教学管理目标的决策，教学目标包括教学的总体目标和教学过程各个阶段的具体目标等；教学管理目标包括教学管理总目标和教学思想管理、课程管理、教学质量管理、教师管理、学生管理等子系统的具体目标。

教学管理计划包括教学规划、教学计划、教学政策法规和教学管理工作计划等。教学规划是学校教学工作整体的、较长远的发展设想和计划，包括规模、方式、方法等的总体目标和总的方向。教学计划是学校组织实施教学的总体设计，包括培养目标、规格、课程设置和要求、学时和教学环节分配等多方面。教学政策法规包括国家依据教育目的发布的规定、条例、规则和学校为了完成培养人才的任务制定的规章制度等。教学管理工作计划包括组织和管理教学的各类工作计划，如招生工作计划、毕业工作计划、师资培训计划等。因此，教学管理计划是一个内容广泛的计划体系，计划功能对于教学管理系统具有特别重要的意义。

2. 组织与实施职能

组织与实施是教学管理系统的一项重要职能，指按照决策目标要求，把系统中的各要素和成分组织起来，去执行管理计划，使教学管理计划能够付诸实施。组织与实施功能具体包括组织设计的功能和组织行为的功能两个方面。

组织设计指按照目标要求，设计任务结构和权利关系，建立一个合理而有效的管理组织结构。它的基本内容包括：为实现教育教学总目标把教学总任务分解成若干具体任务；把具体任务合并归类，划分部门，建立职权机构，比如，按年级设立年级组、按学科设立教研组等；选择和配备教师和管理人员，明确职责，并授予他们组织和管理教学相应权力；为协调组织机构的职权关系和信息沟通关系拟定各种规定，如教师工作职责、教学管理规章制度等。当然，并非对每项任务所规定的目标都组织力量、明确分工、授予权力和协调关系。

组织行为的功能，即组织的实施，是组织力量执行计划的行为和过程，其目的是使管理计划能够付诸实施。组织实施的基本内容包括：统一目标，使全体教职工在目标认识上一致；统一组织指挥，使系统内的一切工作都有人按时、按量、按质去完成；人各有责，人尽其才，实行职、权、责相统一，使全体教师和管理人员明确自己的职责、工作范围、工作质量要求和协作关系；统一步骤，按计划步骤统一行动，保证计划的步步落实。

3. 指挥与协调职能

指挥与协调也是教学管理系统的重要职能。指挥指领导者依靠行政权威，指示下属从事某种活动，使系统按指令运行。协调指消除管理过程中各环节、各要素之间的不和谐现象。因此，指挥与协调是从不同的侧面对管理过程的干预和控制，两者之间相互补充、相互完善。

指挥功能是指通过下达命令、指标等形式，使系统内部全体成员服从于一个权威的统一意志，将计划和领导者的决心变成全体成员的统一行动，使全体成员履行自己的职责，全力以赴地完成所负担的任务。教学管理的指挥功能有：（1）实行专家治校，保证领导权威，保证领导的督促、率领和引导作用有效地发挥；（2）运用各级教学管理组织权责和规章制度，规范全体人员的行动；（3）严格按计划、大纲组织教学，统一标准，统一要求；（4）建立教学指挥机构，一般由领导、职能部门工作人员借助先进的设备手段，建立教学指挥中心等形式的教学指挥系统。

协调功能是指对系统运行过程中各环节、各要素之间的不和谐现象进行处理和调整以消除和减少各种矛盾，保证目标的实现。协调功能带有综合性和整体性，它是管理本质的体现。从某种意义上说，管理就是协调。教学管理协调的主要内容是：通过计划、沟通、调整等方法，协调教学管理系统与外部环境，如学校教育与社会系统的关系；协调教学管理系统内部各类成员之间，各组织、各部门之间，管理过程各环节、各项工作之间，教学内容、方法、手段之间，各章节教学内容之间的关系，等等。

4. 监督与检查职能

监督与检查是实施教学管理过程中的重要职能。监督是察看并督促。检查是对预测的科学性、决策的正确性、目标的完整性、计划方案的可行性以及实施计划的有效性的全面考评。从本质上讲，检查就是一种监督和控制，是一种信息反馈活动。通过检查既可以发现管理过程中缺点和问题，又可以发现优点和经验，进而克服缺点，推广经验，把工作推向前进。

检查职能的类型可以分为：按时间来划分有平时检查和阶段检查。平时检查要及时，不能使问题成堆；阶段检查则是比较集中、全面的检查。两种检查互为补充，不可缺少。按范围来划分有全面检查和专题检查。全面检查是德、智、体、行政、总务诸方面，目的在于了解和掌握工作的全面情况；专题检查是有针对性地发现问题和解决问题，专题检查的内容决定于检查的目的。教学管理要专题检查和全面检查交替进行。按检查的方式来分有自上而下的检查、互相检查和个人检查。自上而下的检查是学校领导者对下属的检查，这种检查有监督、考核的作用；互相检查是学校成员之间的互相进行的一种方式，如教师之间互相听课、互相检查教案和学生作业；个人检查是学校成员的自我检查。个人检查有两种：一种是按学校布置的提纲进行；另一种是自觉的自我回顾。个人检查是具有强烈责任感的表现。

5. 评价与控制职能

评价与控制职能是教学管理，特别是现代教学管理的重要职能。评价包括科学分析和价值判断，指通过教学评价和分析的方法，判断教学效果与教学目标的差距，为决策和控制提供有用的信息，控制即根据评价分析的结果，纠正计划执行中的偏差，保证教学目标的实现。评价与控制是教学管理系统最重要的功能之一。

教学评价和分析的具体功能是根据教学目标和计划，运用各种科学手段，对教学过程和效果进行价值判断和系统分析，为教育教学决策和控制提供信息。教学评价和分析的主要内容包括：课程教学评价分析、课堂教学质量评价分析、教师评价分析、学生评价分析、课外活动评价分析等。

教学管理的控制职能包括教学前馈控制、教学过程控制和教学事后控制三种类型。教学前馈控制是预防偏差的一种控制，即预先采取有效措施，使偏差得到预先控制，防患于未然。前馈控制对于教学管理是十分重要的，教学系统是以育人为目的的，教学过程的任何偏差所造成的后果都是十分严重的、不能允许的，前馈控制可以防止这种情况发生；教学过程控制，也称教学现场控制，是在教学计划执行过程中的控制行为，通过对教学计划执行过程的现场观察、监督和指导，即对教学过程的形成性评价、分析、建议，及时纠正任何不符合教学计划要求的偏差，保证教学计划的实施；教学事后控制，又称教学成果控制，是建立在终结性评价分析的基础上的控制行为，即在计划基本完成之后，把实际取得的工作成果与计划目标相比较，发现仍然存在差距，作为将来工作的借鉴。

6. 总结职能

总结是教学管理活动一个周期的终止，预示下一个周期的开始，起着承前启后的作用。总结是教学管理活动不可忽视的一环，它要求用科学的方法，对所做的工作进行全面系统的总结，肯定成绩、找出缺点、总结经验教训、探索管理规律，并提出未来的努力方向。总结对于积累管理经验，提高学校管理人员的管理水平、促使教学管理科学化、提高学校的工作效率和管理效能具有积极的意义。教学管理过程中的总结通常在一个学期或一个学年结束时进行，一般可分为全面总结和专题总结两类。回顾过去是为了推动未来，总结过去，组织成员进一步增强前进的信心和决心，成为前进过程中的“加油站”。一份优秀的检查报告应具有强大的激励作用，所肯定的成绩能增强人们的信心，指出的不足能增强人们的责任感，从而振奋人们组织精神，提高等教育学管理水平。特别是在行使教学管理的总结职能过程中，通常要建立奖优罚懒、赏罚分明的奖罚机制，以促进教学工作朝着积极、健康的方向发展。

第二章 高等职业院校教学管理的内容

教学管理是一个有机的统一整体，其内容从不同的角度看具有不同的体系框架（结构）。从工作体系方面看，教学管理包括教学运行管理、教学计划管理、教学质量管理与评价以及学科、专业、课程、教材、实验室、实践教学基地、学风、教学队伍、教学管理制度等教学基本建设管理；从工作职能方面看，教学管理可以归纳为“决策、规划、组织、指导、控制、协调、评估、激励”；从管理层次方面看，教学管理包括教学改革、教学建设和日常管理。其基本任务是：遵循教育教学的理论和教学的规律，通过对培养、改革、建设和管理的系统规划，借助一定的管理手段，对全部教学活动在动态演进中达到既定的教育教学目标的管理。同时，要发挥管理的协调作用，调动各方面的积极性，保证整体培养过程各个阶段教学任务的完成。鉴于高等职业院校的基本职能和根本任务是培养人才，教学工作又是学校的中心工作，所以教学管理是高职教育工作中极其重要的环节，其管理水平的高低直接关系到教学质量的好坏。

第一节 高等职业院校教学管理的主要工作

一、教学计划管理

教学计划是学校保证教学质量和人才培养规格的重要文件，是组织教学活动、安排教学任务、确保教学编制的基本依据。教学计划是在国家教育部的宏观指导下，由各个学校组织专家自主制订的，它既要符合教育规律，保持一定的稳定性，又要根据社会、经济、科学技术的新发展适时地进行调整和修订。高等职业院校教学计划是按专业制订的，是保证教学质量的基本教学文件。教学计划管理的核心工作是精心设计人才培养的蓝图，这就需要我们投入很大的精力进行必要又必需的基本调查研究，这个调查研究包括国内外相同和相近学科专业的改革和发展动向，特别是新的教育观、新的教学内容和课程体系、教学环节和人才的培养模式，等等。要组织学校本学科专业的学术教学带头人及有经验的骨干教师先行研究课程结构体系，只有设计构建一个整体优化的课程结构体系，把人才培养的总设计蓝图描绘清晰，才能够据此培养出高质量的合格毕业生。当然，教学计划在制订完成后还要有严格的组织实施，教学计划既是设计蓝图就不能有随意性。它的内容和要求体现了人才培养规格和模式的特征。高等职业院校在组织编制教学计划时的重点是课程体系的建立和改革，课程体系改革时应注意：

（1）为了便于组织教学，必须保证教学计划有一定的稳定性；但应根据社会经济的发展和对人才的要求，及时做出调整和优化。

（2）专业教学计划的制订应该充分考虑学生的知识、能力和素质三者之间的关系；应注重全面提高学生的综合素质。

（3）加强学生的实践能力培养，确保一定的实践教学课时。

（4）坚持贯彻产、学、研结合的观念，从本校的实际出发，突出专业特色。

二、教学运行管理

教学运行管理主要是围绕教学计划的实施所进行的教学过程及相关辅助工作的组织管理。其目的在于组织实施教学计划并保证学校教学工作正常运转。教学过程本质上是学生在教师指导下的一种认识过程，也是学生通过教学获得全面发展的一个统一过程。教学运行管理工作关键是做好以下两方面的工作：一是课堂教学（包括理论教学和实践教学）

管理；二是日常教学行政管理，即教务管理。高等职业学校教学运行管理应关注：在课堂教学方面，不同层次（学历层次、技能层次）的教育对象的教学组织和实施，重点巧妙使用教学方法；开课、选课、考试等教学环节运行的连贯性，完善学分制；调动一切可利用的资源，组织开展校内外实践教学，灵活运行成绩考核方式。在教务管理方面，教务管理主要指学校、二级学院、教学系部（校区）等教学管理部门要依据教学规律和学校规章制度行使管理职权，对各项教学活动及相关的辅助工作进行科学合理的组织、指挥、调度，以保证学校教学工作稳定、有序运行的协调过程，当然也包括严格规范地搞好教学的日常管理、学籍管理和教学档案管理。合并升格的高职院校的教学行政管理工作更为严峻，比如，必须保证合并前的各个学校教学资料、学籍档案的统一归档，做到无遗漏，建立一个完整的系统。

三、教学质量管理

教学管理的基本点是通过协调规范的管理保持教学工作稳定运行，保证教学质量。教学质量管理是教学管理体系中的核心，提高等教育学质量是学校一个永恒主题，而高等职业院校的生存之道就是“质量”，好的教学质量才能培养出质量好的毕业生。教学是培养人的活动，对人才质量的评价是十分复杂的，而且由于教学过程时间跨度比较大，产生的效果不是能凭借眼前或者近期的某些指标来衡量的。教学质量是一个由教师、学生、管理者、设备和资金等诸多要素影响而成的综合性概念，是复杂的教学过程综合运行后得到的一个指标总和。然而，教学活动还是具有规律性的，高职院校可以建立一套完整的质量保障体系，做到适时监控。教学质量保障体系包括质量保障机构、制度、策略和监控反馈。高职院校在实施教学质量监控时应重视：

（1）教学过程的监控。可以通过定期对教师的教学资料进行抽样检查、完善听课机制、阶段性质量评比等形式。

（2）教学目标的监控。按照一定的阶段性目标，恰当选择若干质量监控的项目，把统计量作为质量监控指标，实施目标管理。

（3）教学反馈的监控。教学运行过程中的质量控制应实行定期质量反馈，把反馈的信息与教学目标或者具体的质量目标进行比较，做到适时监控、及时调整。

四、教学设备管理

高职教育强化的是对学生技能的培养，一般高职院校实践教学的设备多且杂，各种各样的专用实验室就有很多，务必要把设备的管理工作放在比较重要的位置，保证各种设备都能有较高的使用率，并且能做到定期检查、维修，维持设备的完好率，以便充分满足实践教学的需求。高职院校要具备完善的设备管理机制才能促进教学管理的运行，顺应社会经济的发展以及市场信息的更新，教学设备的配置应该做到既要满足基础教学，又要满足实践教学；既要有传统的技能成熟型设备，又希望经常引进先进的探索创新型的设备。调配和管理为教学充分服务的设备，成为高等职业院校教学管理体系中非常重要的一个环节。

五、教学管理理论的研究

高等职业教育和普通高等教育相比起步较晚，与之适应的理论研究也相对较少，然而高等职业教育的发展速度迅猛，市场需求变化快，这就势必要求适时、深入地开展高等职业教育的教学改革。而教学改革的实践需要大量的教育理论作为指导，高等职业教育工作者需要在实际工作中做大量的研究并探索经验教训，总结整理适应高等职业发展的教育理论、现代先进的管理理论，找到高等职业教育教学管理规律并加以提升，才能推进高等职业院校自身的不断发展。因此，教学管理理论的研究也是高等职业院校教学管理中迫在眉睫的一项重要任务。

第二节 高等职业院校教学管理的特点

一、整体性

高等学校教学管理共分为教学计划管理、教学运行管理、教学质量管理与评价、教学设备管理、教学管理与教育研究五个方面41个要点。每一个方面和每一个要点都是相互联系、相互影响、相互制约的，而不应该是单独存在的。任何一个要点的变化发展都会直接作用到其他要点上，对其产生或多或少的影响。教学管理的成效不单单是看单个要点做得好还是不好，而是各个方面相互协作体现出来的一个综合作用的结果，实际就是体现在学校人才培养的质量上。在高等职业院校，教学管理不是哪一位领导的事情，也不是哪一个部门的事情，需要学校上上下下、方方面面的协作、配合、共同管理才能把这项工作做得更好。

二、导向性

从一定的意义上来看，一所学校的教学管理就是该校办学理念和育人思想的一种直接体现。它是一种有目的的管理与教育活动，教学管理的思想、内容、制度、运行行为等都会对教师的“教”和学生的“学”产生直接的导向作用。科学规范的教学管理对教师和学生起到积极的导向作用，可以充分促进教学水平的提升和人才培养质量的提高。相反，教学管理如果出现了偏移甚至错误，势必会对学校的常规教学和人才培养造成错误的导向，甚至会影响学校的效益和信誉。

三、民主性

在高职院校的教学管理中，教师和学生是被管理的对象，也是管理的主体。教学目标是要靠教师在具体的教学过程中去实施，也要靠学生自觉、自主地学习来实现。教师“教”的过程和学生“学”的过程存在共通之处：都是精神生产，他们都在是研究和学习学术问题，主要靠自己独立钻研和思考。所以，学校要充分尊重他们，让他们有机会参与教学决策，参与部分教学管理，充分调动教师和学生的积极性，能经常注意听取他们的心声和意见，可以从多渠道了解教学第一线的讯息，有利于集思广益，减少失误，提高等教育学管理的成效。

四、学术性

“教学管理不仅仅是一般的行政管理，而是兼有学术管理和行政管理双重职能的一门科学，是一门需要长期的学习和实践才能掌握的学问”。教学管理的目的是培养人才，这是个复杂而艰巨的过程。管理绝不能光凭经验照章办事，必须以专业知识为桥梁，按照客观规律科学地运作。教学管理要求管理者应该对教育规律有一定的了解，具备先进的教育管理思想和较强的管理专业意识，对教育本身具有一定的感悟，最重要的是必须具备改革创新的精神和意识，能够较好地和教师、学生进行沟通，对整个学校的教学运行有准确、全面的掌握。因此，教学管理既是管理，也是一门学术，需要不断的钻研，在管理中研究，在研究中提高管理。

五、服务性

高等职业院校的教学管理更多地应该重视服务，即为学校的教学工作和人才培养工作服务，为教师能“教好”服务，为学生能“学好”服务，教师和学生既是被管理的对象，更是被服务的对象。如果只是一味地只有管理，没有服务的话，很容易挫伤教师教学和学生学习的积极性和主动性。

第二篇 素质教育对高职教育教学管理的作用

第一章 教学管理改革创新是高职院校发展的动力

一、高职院校实施教学管理改革的必要性及迫切性

高职院校的内涵式发展，一般来说要经历四个阶段，第一个阶段是以规模求发展，第二个阶段是以质量求发展，第三个阶段是以品牌求发展，第四个阶段是以文化求发展。目前，除了极少数的示范性高职院校已进入第三阶段外，大多高职院校已经走过了第一阶段，进入第二阶段。在这阶段性转变的过程中，高职院校教学管理面临着一系列矛盾和问题，必须进行教学管理改革创新。

1. 从社会发展的大环境看，知识经济时代的特点要求教学管理改革创新

21 世纪是人类走向知识经济、走向开放和全球化的时代。知识经济时代的到来对高职院校教学管理提出了新的要求。知识经济是指“以知识为基础的经济”，经济是建立在知识和信息的生产、分配与使用之上的。知识经济时代的特点是：科学技术呈加速度发展，知识积累呈指数增长；学科领域在继续分化的同时，呈现出高度综合的趋势；自然科学和人文社会科学相互渗透，趋向融合，等等。这些特点给高等职业教育带来深刻的影响。特别是新的技术革命的开展导致工业化社会快速地在向信息化社会发展。随着信息时代的到来，人类社会的生活方式、生产方式、学习方式、工作方式乃至思维方式都将从根本上发生改变，这无疑对高等职业教育提出了新的任务和要求。这使得传统意义上高等职业教育的人才培养模式、教学内容、评价体系、师资建设等教学管理的

各个方面都应顺应新的任务和要求而进行改革创新。

改革的核心内容是由过分强调专业教育转向提高综合素质，由以学科教学为中心转向以人才培养为中心，改变传统的教学观念和教学方式，培养学生的创新精神和实践能力，提高学生从事科学研究和社会活动的能力，鼓励和支持人才冒尖，为优秀人才脱颖而出创造条件，对社会经济发展发挥越来越大的作用。

2. 从教学管理的自身看，优化整体的质量要求教学管理改革创新

系统论里有一个基本观点："整体大于部分之和"，意思是说一个系统的整体不等同于各部分内容的机械相加，而应该具有新的功能和特征，产生新的力量。其奥妙在于通过有效的管理，对系统及其组成部分进行有机的综合。

高职院校的教学管理就是一个大系统，在这个系统中实施教学管理改革创新，可以改变自身原有的缺陷，有效优化系统中的各个组成部分，提高管理的效能，最终整合教学管理的整体质量。高职院校教学管理改革崇尚以人为本，并提供具体的激励机制，使教学管理乃至整个学校的能量得以整合并得到最佳释放。

3. 从人才培养的模式看，创新型人才的培养要求教学管理改革创新

人才培养是高等学校的根本任务，21 世纪教育的主旋律是培养创新型人才，因此培养高素质技能型的创新型人才是当代高职教育的逻辑起点。高素质技能型的创新型人才除了要掌握创新知识和实践能力外，最重要的是具备创新精神和创新意识。而创新精神和创新意识不是仅靠课堂教学，一朝一夕能够形成的。创新型人才的培养要求高等职业院校教学管理改革创新。

传统的教学管理过分强调了集中统一，管理制度不完善，日益不适应当代经济社会的发展需要。教学管理需要有统一的规定和要求，但是整齐划一、千人一面却不利于学生个性的发展；管理人员和教师按照统一流程为学生包办很多事情，不利于学生自主能力的形成。而个性、独立性和创造性是密不可分的。学校要在整个教育教学过程中始终贯穿对学生创新精神和创新意识的培养，为学生创造一个有利于创新型人才成长的环境氛围，使学生在学习的过程中、逐渐形成一种创新习惯，形成创新的意识和提高创新的能力，这就要求高职院校改革封闭僵化的传统教学管理模式，探寻科学的现代化教学管理制度和运行机制，让教师和学生都有一个自由的教与学的环境，在全校形成一个人人需要创新、人人能够创新、人人乐于创新的良好氛围，有利于学生个性的发展和自主创新意识的养成。

在当代强调素质教育和创新教育的要求下，新情况、新问题不断出现。高等职业院校的教学管理工作就不再是一种简单的适应性工作，而是一种不断解决新问题的创新性工作。只有不断了解新形势下社会发展的态势，不断把握创新型人才的新质量要求，不断更新自身的改革意识，不断增强现代管理的创新意识，不断改善工作中不合理的地方，不断鼓励教师和学生创造性地教与学。才能培养出时代需要的、和创新型社会相融合的创新型人才。

4. 从网络化的趋势看，高等教育的信息化要求教学管理改革创新

21 世纪是信息化和网络化的时代，一个学校如果没有信息化的手段，没有网络化的条件，没有与现代化设备相适应的管理模式，必将影响办学质量，甚至在竞争中丧失机会。只有充分运用现代信息技术手段，促进教学管理、改进教学方法、提高等教育学质量、探索与发展全新的教育形式，以信息化为平台支撑的教学管理改革才能具有巨大的办学效益和影响力。

通过信息高速公路与世界联网，可以实现教育、学术资源的国际共享；通过建立通畅的信息网络，可以促进教学管理部门之间的高效协作；通过校园网络能扩大教学管理的信息资源，缩短与学校其他管理部门的时空距离，使教学管理更加开放。

管理是一门科学，管理过程又是一个动态过程，如果教学管理只是一味地墨守成规，不思索、探求管理的新理念、新方法，那么管理的思路势必会越来越窄。一旦外界环境和管理系统要素发生变化而出现一些新问题和新情况的时候，就会缺乏必要的适应性，没有办法进行及时有效的协调和控制。没有创新就不会有发展，也不会有活跃长久的生命力，时代的进步和教育的发展呼唤教学管理的思维创新、方法创新、内容创新和手段创新。

二、高职院校教学管理改革创新的主要内涵

1. 管理者思想的创新

高职院校教学管理的改革创新，首先必须以变革教育思想、确立现代教育观念为先导和动力。高职院校的现代性主要体现在办学条件、学校管理、教育质量、人员素质等方面，其中管理是关键。国家提出的“科学发展观”是主体和客体、人与自然相统一的发展观，坚持发展的质和量的统一；强调全面发展、和谐发展、多维发展；强调以人为核心，以人为本。科学发展观为教育教学管理的改革提供了强大的理论基础，对高等职业教育的改革与发展具有十分重要的指导意义。

教育思想观念的转变是一个过程，要使教学管理方式由过去的“经验型”转变为“科学型”，管理者必须保持教育思想观念的不断变革和及时更新。要学习科学、先进的管理理念；掌握一定的管理知识，如教育行政学、高等教育管理学等；要树立系统观念、人才观念、信息观念、效益观念等；要从教师和学生的角度出发考虑问题，为他们提供人性化

的服务，倡导由管理型工作向服务型工作转变。新的教学管理理念要突出“以人为本”，是管理与育人的紧密结合，实现质效双赢的目标。特别要树立以下理念：

（1）以人为本的管理理念。

学校制定教学管理规章制度和教学管理过程中应首先考虑到“人”，即考虑到教师和学生，尊重教师和学生的个体，尊重教育规律，满足教师和学生的需要，更多地考虑人性关怀。以人为中心，充分尊重人、理解人、关心人，调动人的积极性，更加注重民主管理、决策的科学性和管理的效能。

（2）可持续发展的管理理念。

目前，国内外高职教育一个重要的导向就是“可持续发展”理念，围绕可持续发展把价值观、技能、态度等放入高职教育的建设和发展中。而高职院校的教学管理改革又是学校发展的重点和难点，更加需要引入可持续发展的管理理念。建立起适应形势发展进行持续性调整的机制，以实现管理效能整体性提高的目标。

（3）现代化的管理理念。

现代教育的教学管理要坚持与时俱进，始终保持一定的先进性，不断更新管理的内容、改革管理的方法、完善管理的手段，使其具有现代化的时代特征。

（4）国际化的管理理念。

正确处理好教学管理的国际化要求与本土化特色的关系，更新质量标准，建立符合国情和校情又能与国际通行标准接轨的标准体系，按国际规则办事，同时注重发展优势，保持特色。

2. 教学管理体制的创新

合并升格后新组建的高职院校，为了加速推进各组建个体的实质性融合，促进学校的跨越式发展，实现建设特色鲜明的办学目标，必须对教学管理体制进行全面的改革创新。目前，高校现有的基本管理模式有四种，即校—院—系三级管理模式、校—院—系—教研室四级管理模式、校—院（系）—教研室三级管理模式、混合型管理模式。结合高职院校的规模和特点，首先必须建立一个适合本学校发展的管理体制模式，然后从学科发展、人才培养、管理创新、办学效益的视角考察，逐步推进教学体制的整体改革。

高职院校的教学管理应该把重心合理下行，明确各级教学管理组织之间的职责、权力、利益关系，进一步简政放权，实行目标管理，责任考核配套，以充分调动教师与教学管理人员的积极性，实现管理目标。特别要注重以下几方面：

（1）健全的管理制度。

教学管理规章制度是教育教学理念、教学管理指导思想和习惯性管理方式的表现形式。健全的规章制度，符合教育教学和管理科学的内在要求，有利于建立规范的教学秩序，有利于调动教、学、管等各方面的积极性，有利于推进教学改革，有利于提高人才培养质量。建立和完善教学管理的各项规章制度，制定各个教学环节的规范要求，使学校的教学管理有章可循、有法可依，把严格管理贯穿于人才培养的全过程。

（2）科学的运行系统。

构建从多层环状、环环相扣、结构紧密、功能优化的教学管理运行系统，通过系统的“回路、循环”，重视教育教学管理的设计、检查、监控、评估、反馈功能，强化教学管理对教学质量的监控、保障和对学生学习的引导功能，强化教学评价在教学管理中的激励、导向作用。按照教学管理的功能要求，根据控制论的观点，这一教学管理运行系统应包括教学工作决策、执行、监控、信启、反馈等子系统。

（3）有效的激励机制。

高校的教学活动是一种智力型的高层次活动，同时教学活动的参与者——老师和学生都具有较高的素质，因此，教学管理不能一律追求严厉，而应在严格管理的同时，有效运用激励机制，以调动师生的积极性和自觉性。要健全和完善教学效果考核评价制度、优秀教学（包括实践教学）成果奖励制度等，激励教师积极从教并在教学中取得更大的成绩；要建立优秀学生奖励制度、奖学金制度、个人特长（包括设计、制作、发明、创造等）奖励制度等，激发学生潜在的学习积极性，培养学生的创新意识和创新精神。这样就使教师与学生从内心深处产生了教与学的自发动力，从根本上提高了教学管理的质量和效率。

3. 教学模式的创新

教学模式是课程观、课程内容、课程结构及其评价体系等的特定组合形式，即教学模式是由一定课程观指导下的、课程内容及其进程和安排在时间和空间方面的特定组合方式。社会经济的发展，尤其是技术的进步，对应用型人才的规格要求发生了变化，必将导致教学模式的变革。传统的教学模式已逐步被信息时代的教学模式所取代，从“传统教学模式与信息时代教学模式对比表”中我们不难发现学习主体、教学方式、教师角色等多方面发生了改变。

我们应根据高职的培养目标，要求高职教学模式必须在内容、结构和指导思想等多方面有所创新。特别要重视以下环节：

（1）优化专业设置。

专业设置主要包括专业名称、培养目标、人才规格、课程体系等几个方面的内容。此外，教学设备设施、实习基地、师资、经费、组织制度等作为支持专业教育活动得以进行的保障，也是专业设置的必需条件，均属于专业设置的内容范畴。高职专业设置的主要程序：获取必要的需求信息——社会调研——职业分析——自身条件分析——进行专业开发——汇总上报——专家论证。高等职业院校应根据社会的需求和有关专业的设置条件，在专业目录范围内设置专业，也可从实际出发，经论证提出新专业，经审批后设置实施。

（2）调整课程结构。

高职教育的课程结构应努力实现综合化。社会经济的高速发展，要求学生能够跨学科地掌握宽广的知识面，而单学科的课程结构把每一门学科单独割裂开，忽视了学科之间的联系，不但占用了学生很多时间，造成学生“过度学习”“重复学习”，而且难以形成解决问题所需要的综合能力，造成“学而无用”。将相关学科适当综合化，既发挥了学科课程的特长，又能克服原有的以单科分段为主的弊端，符合高技术和现代社会发展的要求。

（3）关注人才培养。

人才培养模式的改革是高等职业教育改革的核心，它直接关系着高等职业教育“培养什么人”和“怎样培养人”这两大基本问题。传统高职教育人才培养模式是以课堂讲授为主，培养目标不明确。确立校企合作、工学结合的人才培养模式，是当前高职院校改革的重要切入点。制定科学合理的人才培养方案，可以保证应用型高技能人才的培养质量。

4. 教学方法的创新

我国高等职业教育教学方法改革已有 20 多年的历程，呈现出一条清晰的发展变化轨迹——从以教师为中心向以注重培养学生能力为中心的方向发展。具有以下三个特点：一是互动性，即重视学生的参与；二是实践性，即坚持以实践为本，加强学生的专业技能培养；三是综合性，即把学业与就业、创业紧密结合，更加注重职业素质的培养。

教学方法应从讲授向自学、小组合作等强调积极参与的学习方法转变，教学过程中鼓励运用交互式、参与式和合作式，以及问题导向和项目导向的教学方法，关注学生操作经验的获得，促进学生问题解决技能、创造性和创新技能的发展，以在着力培养学生专业技能和就业能力的同时，发展学生的公民素养和自主性，增强个体的学习迁移能力和终生发展能力，促进个体实现生涯的可持续发展。探讨高职教育的教学方法的发展与创新，对于高职教育教学改革具有重要的意义。特别要明确以下要求：

（1）强化实践性与应用性。

在教学过程中，改变以教师讲、学生记的注入式教学方法，创造机会让学生多接触实践和参与活动。培养学生具有将知识转化为产品或善于应用知识分析问题、解决问题的能力。

（2）体现自主性与合作性。

在教学过程中，改变以教师为主导的灌输式教学方法，鼓励学生积极主动地参与学习、进行科研；开展集体活动，加强学生间的合作。培养学生提高学习独立性以及责任感、团队合作、求知欲。

（3）强调综合性与多样性。

在教学过程中，改变传统的讲授式教学方法，根据不同的教学内容和教育对象的特点进行有针对性的教学方法选择，强调多种教学方法的综合运用。培养学生成为新经济时代所需要的人才。

（4）突出探索性与创造性。

在教学过程中改变传统的过于注重现成知识与技能的传授，把科研活动适当引入教学过程，将知识创新与知识传授有机结合起来，培养学生积极探索的意识和创造性的能力。

第二章 素质教育的实施对高职教育教学管理的挑战

第一节 素质教育对高职教育教学管理提出新要求

一、对教学管理模式提出了新的要求

所谓模式，就是某种事物的标准形式或者是可以参照的标准样式。现代教学管理模式是一个广义的概念，它是在一定的办学思想指导下，围绕人才培养目标，形成相对稳定的、系统化和理论化的教学管理范型。我国高校传统的教学管理模式“制度淡化、管理老化、手段老化”。素质教育要求改变传统的教学管理模式，构建高等学校教学管理制度的新模式，应当以实施素质教育为主线，充分体现教学管理的多样性、灵活性、有效性、法制性和目的性，注重教学管理的改革，充分调动广大教师和学生参与管理的积极性、主动性和创造性。加强学生综合素质的提高与完善，使学生在思想道德素质、文化素质、业务素质、身体和心理素质诸方面得到健康和谐的发展。

二、对教学管理人员素质提出了新的要求

周远清指出：“教学管理队伍亟待加强。没有一支过硬的教学管理队伍，不可能有一流的教学水平与教学质量。”教学管理能否从经验管理转向科学管理及实现管理现代化，关键在于教学管理人员素质的提高。建立一支高质量的教学管理队伍，是高等学校加强教学质量管理、完成人才培养任务的根本保证。培养一支素质高、能力强、懂管理、讲原则、

爱岗敬业的管理干部队伍，是素质教育对教学管理人员提出的新要求。素质教育下的教学管理尤其应当是“有思想的管理、有目标的管理、有深度的管理、充满改革精神的管理”。要达到这样的管理，就要有一支高素质教学管理队伍做保障。首先要提高管理人员的教育理论素质。高职管理人员要遵循教育规律，运用现代管理理论和方法，分析教与学的规律，不能把教学管理看作简单的行政管理，而目前在高职教育教学管理人员中仍有很多人在教育理论方面欠缺。因此，要提高高职教育教学管理人员的教育理论素质和管理理论素质。其次建立相应的培训机制，提高管理人员的素质。随着科学技术的发展，特别是网络技术的普及，管理手段、管理技术在不断创新，新的管理理论不断涌现。面对管理环境的不断变化，教学管理人员也要通过学习增强自己运用新知识解决问题的能力。因此，管理人员也要不断学习，以提高管理水平和管理能力。最后，就是管理人员还要善于运用现代化的管理工具，用系统论的方法研究分析新时期教学管理过程中出现的新问题，开展高等教育理论研究，在工作中将理论与实践相结合，创造性地开展工作。另外，教学管理人员在新的环境下还要具有创新精神和开拓能力以及服务意识。

三、对教学管理的方法和手段提出了新的要求

高质量的教育需要高效的管理。高职的教务管理部门承担繁重的教学管理工作，随着信息产业的飞速发展，特别是计算机及网络技术的广泛应用，给传统的教学管理工作带来了新的革命，尤其近几年随着高职扩招和办学规模的扩大，教学管理工作日趋繁重，管理人员的工作强度已不堪重负，单靠传统的人工管理模式效率很低，已经不能适应高职发展的需要，应充分利用计算机和校园网络进行教学管理，提高管理效率和管理水平，引进或自主开发功能先进、运行可靠的教务管理软件，实现教务管理工作的计算机化和网络化，如学籍管理、学生成绩管理、教

学计划管理、教师管理、教材管理、教室管理以及教学的日常调度和教务安排等。随着学分制的推行，可以实现学生在计算机网络上选课，即学生可以在校园网络的任何位置选择自己喜欢的课程和任课教师。教师进行学生成绩的计算机录入可以方便学生在网上对成绩、教师、课程设置及上课信息等查询；利用排课软件进行计算机排课，可以对教师、教室等相对紧张的资源进行合理分配，同时又兼顾了其他诸多因素的影响，实现了排课工作的科学化和规范化，提高了课程编排的准确性和排课效率。借助计算机和网络技术进行教学管理，既是深化教学改革、推进素质教育的要求，又提高了管理效率，实现了教学管理的科学化、规范化和制度化，也避免了管理中的人为因素影响，有利于建立一个公平、公正的教学环境。

四、对教学管理评价体系提出了新的要求

传统的教学评价观是以知识的传授为衡量尺度的，素质教育则要求着重于教师评价在引导学生独立思考，启发学生的创造性思维，培养学生的创新潜质，提升学生的综合素质和人文素养方面的成效。新的教学评价观是发展性教师教学评价观，它尊重教师的教学权，鼓励教师在教学实践中的创新活动，提倡教师个人的教学风格和艺术，这种教学评价是民主性、商讨性的，结论是分析性的而不是概括性的，它主要不在于监控教师教学活动，而是旨在促进教师教学成长，让教师在教学活动中焕发创新的冲动和生命的活力，进而使全体学生受到启迪和激发。另外，还要求教师充分尊重学生学习的主体地位，爱护和培养学生的好奇心、求知欲，激发学生学习的积极性和责任感，激励学生的探索精神。因此，要对教师的教学建立科学的评价体系，既要从评价内容上优化指标设置，也要从操作环节上强化评估实施的严格性和公正性，更要引进校外评估，扩大评估参与的广泛性，通过评估引导教学管理工作和教师教学工作改

进的方向，并激发其投入的积极性。

对学生的评价从两个方面予以关注：一是学生的综合素质的总体评价，包括思想政治素质、文化素质、业务素质、身心素质，创新精神、创新意识和实践能力；二是对在某一方面非常突出的偏才、怪才、奇才，应不拘一格，鼓励其成长，为他们成才创造有利环境。掌握综合应用能力的检验及创新意识与实践能力的检验。综合测评、评优、评奖都要充分考虑学生个人的技能表现和特长贡献，培养学生的竞争意识，鼓励学生的个性发展。

第二节 素质教育下高职教育教学管理的特点

素质教育是一种发展的教育观，不是对教育分类，也不是一种固定的教育模式，而是一种教育指导思想，一种教育理念。素质教育下的教学管理以体现“以人为本”的原则，注重柔性管理，以个性发展为目标，培养人的创造性。在素质教育背景下高职教育教学管理具有如下新特点。

一、教学管理的人本化管理更突出

学校是一个“人—人—人”的系统，它的管理主体、客体和目的都是人，它通过对既是管理客体也是主体的人的管理，达到培养、发展人的目的，所以人的因素是管理的首要因素和本质因素。素质教育的要旨是创新型人才的培养，而人是知识创新与发展的生命之源。诚如法国文化教育家斯普朗格所言，教育的最终目的不是传授已有的东西，而是要把人的创造力量诱导出来，将生命感、价值感唤醒。

素质教育高扬人在教育中的主体地位，在教育过程中发展人的个性。高职教育教学管理制度改革和建设着力体现“以人为本”的现代教学管理理念，要以教师和学生的需求为导向，以学生的发展为目标和根本，“一切为了学生，为学生的一切，为了一切学生”，确立学生的主体地位，充分尊重学生的选择。教学管理中的人本思想，确立人在管理过程的主导地位，使教师和学生在工作、学习的过程中，在参与管理活动的过程中，素质、身心、能力和知识方面得到发展，调动了人的主动性、积极性和创造性，使教师和学生的创造潜能得到极大的发挥。

二、教学管理的开放性更强

素质教育下的教学管理更多注重学生的选择权，给学生自主学习发展提供更加自由的选择空间，这样使高职教育教学管理开放性更强。学分制的课程互选、学分互认、互聘教师和互相推荐研究生等，使得学生有更多的选择机会，这样实现学生跨校选课，攻读辅修专业、第二专业。学生在进校后学习什么专业和选修什么课程，可以在相关教师的指导下由学生自主选择，并可根据一定的规章制度变换。这样灵活开放的管理运行机制为学生营造良好、宽松的学习环境和氛围，进一步激励学生的上进心和创造性，为学生的多方面发展提供条件。让学生拥有更多的选择、更多的时间、更多的发展机会，真正体现“以人为本”的教学管理理念。

三、教学管理的民主性更强

自由是学术生存和发展的空气，民主是学术兴旺和发达的土壤。素质教育强调学生创新精神的培养，是弘扬人的个性和主体性的教育，强调教育要尊重和发展学生的主体意识和主动精神，培养和形成学生的健全个性和精神力量，使学生活泼成长。只有在民主管理的氛围之中、只有在不断创新之中才会有大批创造性人才的成长，才会有利于学生的健康成长，才会有利于学生的个性发展。2001 年 8 月，教育部《关于加强高等学校本科教学工作提高等教育学质量的若干意见》（教高〔2001〕4 号文件）中明确提出“健全和完善教学管理和学籍管理制度，要吸收学生参与教学管理和制度建设”，让学生参与教学管理和制度建设是教学管理制度的创新，是当前高等教育教学管理改革深入发展的需要，是今后一段时期内高等教育教学管理改革研究的新课题。要搞好高等学校的管理，必须依靠教师发挥能动作用，一切与教师教学、生活和学生学习、生活相关的决策要注意听取教师和学生的意见。这就要求各高职在制定教学管理制度和出台教学管理改革举措时，应首先认真调查和研究学生需要什么、选择什么，并建立与广高职生经常性的、及时的、制度化的联系，最大范围地收集学生的需求信息，用以研究学生学习、研究学生生活。例如，一些高职设立的教务处处长学生助理岗位和学生教学质量信息员制度就不失为一种好办法。通过学生助理和学生教学质量信息员制度让学生参与教学管理，参与教改方案的修订，让学生了解学校教改举措，反馈其他学生对教学建设与改革的意见和建议，了解教学一线的情况，使学生助理和学生教学质量信息员成为学生与学校教学管理者之间的桥梁和纽带。

四、教学管理的服务意识更强

高等学校的教学管理是管理也是服务，即服务于教学和人才培养工作。教师和学生既是管理对象，也是服务对象，教学管理工作者所做的一切工作说到底就是为了教师教好和学生学好，从这个意义上说，教学管理更多的含义是服务，而且是主动服务。素质教育强化教学管理制度的服务内含，要为教师和学生提供越来越满意和高质量的服务，把以往让学生、社会适应高职现有的管理制度转变成高职管理模式必须适应学生的意愿和社会需要。在管理过程中，要了解教师和学生有哪些需要和要求，尽可能为教师的教和学生的学提供完善便利的服务，以利于教师和学生全身心投入到教学中，投入到提高素质、培育人才的活动中。那种只讲管理、不讲服务的管理模式，很容易挫伤教师教学与学生学习的积极性和主动性。在管理体制和机构设置上进行尝试，可建立一些直接面向全校师生的服务性功能中心，如注册中心、考试中心、学务指导中心、教学信息中心、教学评价与教师培训中心、实践教学中心等。

五、教学管理趋向柔性化

柔性管理是相对于刚性管理而言的。柔性管理主要是依靠激励、感召、启发、诱导等方法进行管理，是一种人本化的管理。素质教育是“以人为本”的教育理念，要求教学管理是一种以柔性化管理为主的管理方法。教师管理和学生管理的柔性化是指在研究教师和学生心理和行为规律基础上采用的非强制性方式，在教师和学生心目中产生一种潜在的说服力，从而把组织的意志变成教师和学生的自觉行为。高职的教师是高级知识分子，明事理，吸纳新生事物快，对问题有自己的见解，同时又具有鲜明的个性，单纯依靠颁布集中统一的行政法规和建立偏重物质利益的激励机制很难真正调动广大教师的积极性，要突出强调他们自己的管理，尊重他们的价值，承认他们的劳动，充分发挥他们的聪明才智。

对高职学生来说，柔性化管理主要表现在以下几个方面：一是人才培养规格的柔性化。素质教育需要多样性的创造性人才，对高职来说，需要培养多层次和多样化的创造性人才以适应时代的需要。二是教学计划的柔性化。要制订柔性化的教学计划，注重培养学生的能力，给予学生更多的选择机会。例如，学生可以选择专业入学，先在学校学习一定的通识课程后，再根据学生的兴趣和爱好选择专业。三是人才评价柔性化，素质教育要求尊重学生发展的个性化和多样化，要求每个学生都得到发展，都有一技之长。这样就对不同学生有不同的评价标准，有多样化的评价方法。

第三节 高职素质教育与高职教育教学管理的关系研究

素质教育与教学管理有着十分密切的关系，二者相互依存，互相促进。

一、教学管理创新是素质教育实施的前提条件

素质教育的最终目的是培养创新型人才，要求教学管理必须创新。传统的教学管理基本上是学校向学生单向要求型，对教师的教学也基本上是条框约束型。反映在教学管理实践中，则是对学生不放心、不放手，认为学生缺乏经验，自控能力差，一旦放开便会出乱子。在教学方面片面地遵守多少年不变的教学规范与教学模式，单纯强调知识的传承，对学生以单向灌输为主。素质教育注重的是学生个性的发展，要求教学管理贯彻“以人为本”的思想，积极营造有利于学生自主学习，鼓励学生发现问题、提出问题、平等讨论问题的宽松的学习环境，要为学生发展自己的个性、潜力与爱好，为优秀的学生脱颖而出提供有利的条件。“在教与学的评价标准上，要从以往着重评价教师传授知识和学生接受知识的效果，转向着重对学生进行创新能力和实践能力培养的效果”。不改变束缚学生学习和教师教学传统管理思想观念，不进行教学管理的创新，素质教育很难有生存的土壤。这就要求改变传统的教学管理思想，进行管理方式、方法、管理制度上的创新才能使素质教育得以真正地实施。所以，营造新的教学管理环境是实施素质教育的重要前提，谨守传统的教学管理模式，就会束缚创新的手脚。

二、素质教育推动着教学管理的创新

21世纪是一个创新的时代，“素质教育既是社会发展对高职教育的外在要求，又是高职教育提高自身竞争力的内在需要”，培养高质量的创新型人才日益成为高职教育最重要的工作。面对世界科技飞速发展的挑战，我们必须把增强民族创新能力提到关系中华民族兴衰存亡的高度来认识。教育在培养民族创新精神和创造性人才方面，肩负着特殊的使命。必须转变那种妨碍学生创新精神和创新能力发展的教育观念、教育

模式，特别是由教师单向灌输知识，以考试分数作为衡量教育成果的唯一标准，以及过于划一、呆板的教育教学制度。在这样一个的教育背景下，面临着这样紧迫的发展形势，高等学校的教学管理如果墨守成规就会落后于高等教育发展的需要，成为人才培养的阻碍。从这个意义上说，素质教育是在推动高职教育教学管理的创新，促使教学管理适应素质教育的需要。

三、教学管理水平的高低影响着素质教育实施的成效

素质教育与教学管理在某种意义上是互为因果、相互影响的。素质教育对教学管理的要求不是降低了而是更高了。素质教育要求教学管理者具有全新的教育观念和多方面的知识与能力，素质教育还要求教学管理者在管理的实践中辩证地对待严格与宽松、原则与灵活、继承与创新的关系，做到这些本身就反映出了教学管理水平。一所高职，教学管理水平高，素质教育肯定会好一些；教学管理混乱，势必影响素质教育的顺利进行。

第三篇　素质教育背景下高职教育教学管理研究

第一章 素质教育背景下高职教育教学管理的基础理论性研究

教学是实现教育目的的主渠道、主阵地，国家、社会对教育的一切要求，最后都要落实在教学活动上，并通过教学活动来满足。高等学校教学管理就是为了实现教育目的，根据高职教育教学的特点与任务，按照一定目标、原则、程序和方法，对教学工作进行科学的计划、组织、指挥、协调和控制，以提高等教育学效率和教学质量的过程。教学是高校最本质、最经常的活动，是学校的中心工作。因此，教学管理在高校中意义重大。

第一节 高职教育教学管理的相关理论

教学管理是高等学校各项管理的重要组成部分，它在高等学校各项管理工作中属核心工作，是高等学校管理的中心环节，支配着学校管理工作的各个方面，并占据着十分重要的位置。

一、高职教育教学管理概述

教学管理是学校管理的重中之重。教学管理是指管理者通过一定的管理手段，使教学活动实现学校既定的人才培养目标的过程，教学管理是正常教学秩序的保证。

（一）高职教育教学管理的指导思想

教学管理的指导思想，在高等学校教学管理和教学过程中起着十分重要的作用。确立正确的指导思想，是有效实施教学管理的基本前提。

我国高职教育教学管理的指导思想是：

1. 必须正确地认识并积极地贯彻执行党和国家所制定的有关教育的方针和政策。遵循党的德、智、体、美、劳全面发展的教育方针，贯彻教育要“面向现代化，面向世界，面向未来”的战略思想。

2. 必须以马克思列宁主义的基本原理和教育教学的理论为指导，充分认识高等学校教学过程的特点，认真研究、探索高等学校教学过程的基本规律，面向广大学生，及时处理与协调好各种关系，不断提高学生学习的积极性与主动性，并为教与学创造一个和谐与竞争的环境氛围。

（二）高职教育教学管理的基本原则

为了有效地提高高等学校的教学管理水平，就必须遵循和认真研究、探索教学管理的基本原则。高职教育教学管理应遵循两个“结合”、两个“统一”的原则。

1. 两个“结合”

（1）学术管理与行政管理相结合。

高职教育教学管理不是单纯的学术管理，也不是单纯的行政管理，而是行政管理与学术管理的结合，这是由高职教育教学组织与管理的特殊性所决定的。学术管理是指对高等教育中学术事务与活动的管理，它通过组织和协调全体教学人员的学术行为，合理调配和使用各种教育资源，调动学术人员的积极性，提高学术水平，以实现高校的功能。学术管理与行政管理相结合的原则，要求在高职教育教学管理中应充分发挥教授等学者、专家群体在管理中的作用，注重教学管理中的学术性内涵。高职教育教学管理只有把学术管理与行政管理结合起来，才能使教学实践活动科学、有效、合理地运作起来。

（2）权力与权威相结合。

高职教育教学管理工作者处理好权力与权威的关系，坚持权力与权威相统一，是非常重要的。因为教育部门是知识分子比较集中的地方，在对知识分子的管理过程中，仅仅使用权力的强制作用肯定难以奏效。知识分子相信科学，坚持正义，认同有才能、尊重知识、平易近人的人，即有权威的人。因此，在教学管理中，管理者要加强自我修养，提高自己的管理水平，增强人格魅力，树立威信。只有这样，才能有效管理，切实调动教师的积极性。

2．两个“统一”

（1）公平与效率相统一。

在高职教育教学管理中，是坚持公平优先还是效率优先，目前仍是一个两难选择。从我国高校教育的现实情况来看，在教学管理中应坚持“效率优先，兼顾公平”的原则。所谓“效率优先”是指当前必须把高职教育教学效率与质量作为首要目标。“兼顾公平”，是指在保证教学效率与质量的前提下，最大限度地实现教学参与者的利益。坚持这个原则，既符合时代要求，同时又符合我国高校教育的现实情况。

（2）分权与集权相统一。

分权与集权是管理行为中经常出现的一对矛盾，也是管理领域中的一对重要范畴。高职教育教学管理的层级性、复杂性、系统性要求高职教育教学管理实行分权，发挥基层组织的积极性，调动广大师生的参与意识，才能提高等教育学质量，促进学生发展。但是集权与分权的程度应视组织特性、所处环境和管理人员水平而定。对于高校这样一个人才、知识高度密集的组织来说，进行教学管理时实行集权是需要的，但实行分权是主要的。

（三）高职教育教学管理的内容与基本任务

1．高职教育教学管理的内容

教学管理是一个非常复杂的系统，从内容上讲，高职教育教学管理主要包括三大方面：

（1）教学计划管理。

高职教育教学计划管理是一种通过对教学工作进行设计、筹划和安排，以实现教学总目标的管理，它也是高等学校的管理者对教学领域中的全部工作进行设计、组织、指挥、监督、控制和创新的过程。教学计划管理主要包括教学计划的制订和实施两方面的管理。

（2）教学过程管理。

高等学校的工作是一个多序列、多层次、多因素的运动过程。如何把各种类型的课程、较高质量的教材以及有较深学术造诣和较高等教育学水平的教师，合理地加以组织，使之成为一个高效率的过程，是进行教学过程组织与管理的根本任务。

（3）教学质量管理。

教学质量是教学工作满足学生综合素质全面提高需要的程度，是教育质量的一个关键部分。教学质量管理就是依据教学管理目标，按照高职教育教学特点和教学管理的基本要求，运用一定手段和方法，对影响教学质量的诸因素实施计划、组织、协调、考核、评价，以保证教学质量的活动过程。教学质量管理的内容包括影响教学质量的因素、教学质量标准、教学质量检查、教学质量分析与监控等。

2. 高职教育教学管理的基本任务

为贯彻执行党和国家的教育方针、政策和有关法规，不断提高高等学校的教学质量，建立具有中国特色社会主义的高等学校的教育与教学体系，高等学校的教学管理者应努力完成好以下几个基本任务：

（1）确保教学目的与教育目标相一致。学校要组织各级领导和广大教职工认真学习、全面理解、掌握党和国家的教育方针政策及社会发展进程中对高等教育提出的新要求，以确保教学的方向正确。

(2)建立与健全科学、可行的教学管理组织系统与信息反馈系统，建立正常的教学秩序，使教学工作协调、高效率地进行，培养德、智、体、美、劳全面发展的满足社会需要的高素质人才。

(3）充分调动教师教书育人的积极性，不断提高等教育学质量。经常调研、分析教师教书育人的状况及影响教师积极性的各种因素，客观公正地考核评估教师的工作，改善教师的工作、生活条件，激发教师的积极性和创造性。

(4)加强教学工作，促进教学科学化。做好教学研究和教改实验，引导教师进行科学研究，鼓励和支持他们更新教学内容、改革教学方法、运用新的教学手段和技术等。

(5）不断反思，有计划、有步骤地深化教学管理改革，建立科学的教学工作体系，不断提高等教育学质量。

(6）制定和实施各种有关教学的规章制度，完善教学档案，加强教学督导和质量检查。

简言之，教学管理的主要任务是建立正常的教学秩序，增强教学的计划性和科学性，沟通教与学之间的联系，提高等教育与学的质量。教与管是相辅相成的，有教无管，教学工作必将是无序的、低效率的，只有把教学与管理结合起来，才能确保教学任务的完成。

二、教学管理的改革

高等教育的改革，其核心问题就是教学改革。要想充分体现教育以人为本、以学生为本的高校管理理念，就必须把教学改革确立为高校整体改革的核心环节。尽管近几年来，我国高等教育正在向素质化、产业化方向发展，并逐步与国际接轨。但是与发达国家相比，我国高校在教学管理的方法与手段、服务理念等方面仍然存在着较大差距。我们应借鉴国外的先进经验，在高职教育教学管理机制和制度建设方面体现与时俱进、科学发展的理念。

（一）我国教学管理中的问题

1．高校教材、作业与考试模式不合理

国外高校教材有两个突出特征：

一是每章都提供一定的案例，一般一本教科书的案例量都在100个左右，而且近年还有逐步增加的趋势。

二是每章的习题大都是实际应用型问答题。这些现实的案例研究和习题大大加强了学生对理论知识的感性认识和理解，提高和锻炼了他们实际应用的能力。

此外，以理论应用型论述题为特征的闭卷考试方式进一步强化了高等教育教学的社会目的。

我国在这些方面往往是理论脱离实践，即死记硬背概念式的作业和测试，结果是平时作业抄书，考前死记硬背，考场作弊不断，用时一筹莫展。这不仅造成了我国高校普遍的高分低能现象，也严重影响了许多高校的校风和学风。

2．组织管理方面存在不足

在我国高校的各级层面，做计划是一项常规性工作。但是，与国外高校各个层面的计划相比，有以下三点不足之处。

（1）迟延性强。

我国高校的工作计划，往往是以事中计划为主，也就是进入本期才开始制订工作计划，等计划做出，计划期的时间往往已过去五分之一，甚至三分之一，容易造成拖延。

（2）可操作性差。

在国外，每一项工作计划除了计划内容、具体要求、责任人、联系

方式外，还包括实施时间和地点，可操作性很强。

我国高校的工作计划内容就相对较粗，不够具体。

（3）随机性大，落实相对较差。

在国外，各项计划都会严格实施，一般不会调整，更不可能取消。

我国高校的工作计划制订后，往往会受各种因素的影响而使许多计划内容流于形式，最终得不到实施。加之有些计划本身就是为应付形势而制订的，因而能拖则拖、一拖再拖、有始无终。

3．信息技术在教学管理中的应用率不高，教学效果差强人意

目前，我国高校的现代化办公设备条件与国外相差不大，但利用效率却比国外低得多。国外高校已经实现了数字化管理，而我们许多高校中连计算机的基本办公软件还未普及；国际互联网的利用仅处于初始阶段，其主要功能还未得到开发和利用；数字化管理体系的建设还没有或刚刚提上议事日程，或仅仅处于起步阶段。在管理手段与工作方法上，仍习惯于沿用传统的落后方式，现代信息技术省时、快捷、低耗、高效的作用并没有得到有效发挥。

4．师资短缺

自 1998 年我国高校扩招以来，高校师资短缺一直是困扰我国高等教育发展的一个突出问题。

（二）高职教育教学管理改革的方向

1．以素质教育为导向，改革高校教材、作业与考试模式

借鉴国外的经验，增加教材教学案例比重，变抄书类作业和死记硬背型试题为理解应用型作业和试题；在教学常规方面，实施以素质教育为导向的改革，培养高素质、复合应用型人才，提高毕业生就业率。

2. 加强组织管理工作的计划性和可操作性

由于我国高校各个层面的计划存在不足，因此，我们必须加强各项工作的计划性及科学性，尤其是制订切实可行的工作计划，并保证监督落实，做到事前有计划，事中有检查和监督，事后有结果和总结，提高工作的质量和效率。

3. 加速实现信息技术与各学科课程的整合，提高等教育学效果

高校应切实转变思想观念，加强办公自动化信息平台建设，形成信息资源共享，实现网络数字化管理和网上互动办公，发挥办公自动化便捷优势，实现管理的科学化和现代化。在此基础上，加强现代信息技术与课程的整合，不是简单地结合和被动地融入，而是高层次地主动适应，它将带来课程内容、课程实施、课程评价和课程资源的变革，传统教学中教师的作用和师生之间关系的变革。

4. 加强师资队伍建设，提高等教育师教学水平

知识经济时代，竞争的先决条件是人才，特别是对以知识型人才为主的高校来说更是如此。因此，要采取有效措施，加快师资队伍建设，以培养稳定学科带头人和学术骨干为重点，按照“内选外聘，广招人才，优化结构，提高质量”的原则，加大师资队伍建设的力度，并形成合理的队伍结构。培养、吸引、用好人才，这就需要：

（1）树立以教师为本的服务理念，在留住人才的同时吸引人才。

（2）强化系部工作人员的服务职能，把教师从不必要的琐碎事务中解脱出来。

（3）设置专人为教师提供计算机相关服务。

（4）为教师提供优质的图书信息资料服务。

教育是培养人才的基础，对经济和社会发展具有先导性和全局性的作用，因此要适度超前发展。

第二节 高等教育的宏观结构及其调整

高等教育的宏观结构是高等教育结构的一个组成部分，是反映高等教育发展状况的一个重要指标，它的合理与否对经济、社会和高等教育自身的发展有着重大影响。现代高等教育系统呈现出多维度、多层次、复杂的综合结构，明确这种结构状态可以更好地了解一个国家高等教育的整体状况，也能促进高职教育教学管理的有序进行。

一、高等教育结构概述

所谓高等教育结构，就是高等教育系统的构成状态，是高等教育系统内部各要素相互联系、相互作用的形式，以及和外部环境诸系统相互关系的形式。它与社会结构是相互联系的，随社会结构的发展变化而发展变化，并促进社会结构的变化发展。相反，社会结构的变化发展，也必然促进高等教育结构的变化发展。

（一）高等教育结构的体系

从整体上来看，高等教育结构大致可分为宏观结构和微观结构两大部分；从结构方向上看，可分为纵向结构体系和横向结构体系；从结构形态上看，可分为静态结构体系和动态结构体系。总之，它是一个宏微渗透、纵横交错、动静结合的网状结构体系。从其内含来讲，包括高等教育的各种组成要素，这些组成要素的数量、质量、性质、排列位置、时间关系、相互联系的方式、比例构成，均影响甚至决定着高等教育的性质、功能和效力。

（二）高等教育结构的特点

随着现代世界经济与科技发展速度的加快，教育民主化、大众化需求的强烈，高等教育使命与任务逐渐变化，高等教育结构也呈现出了多层次性与多方面性的统一、稳定性与可变性的统一、渐进性与突变性的统一、他律性与自律性的统一的基本特征。

1．多层次性与多方面性的统一

社会对高等教育需求的多方面性和高等教育活动的多方面性，决定了高等教育结构上的多方面性；而结构内部各个方面之间的有机联系，各要素逐层组合、梯次分布的特点，又构成了高等教育结构的多层次性。所谓多方面性和多层次性，就是从横向与纵向上对高等教育复杂多样性的描述。高等教育结构在横向上有多少个方面，就会形成多少个纵向的垂直系统；而每一个纵向垂直系统有多少个不同等级的阶梯，就会构成多少个横向的水平层次。垂直的、纵向的系统关系（方面性）与水平的、横向的层次关系（层次性）的交叉叠加，就组成了多层次、多方面的高等教育结构网络。当然，多层次性往往与多方面性交织在一起，从不同侧面反映了当代高等教育结构的复杂性与多样性。

2．稳定性与可变性的统一

高等教育结构能够不断适应变化着的社会环境及其价值观念，因此具有稳定性；能够根据社会的需要来调整自己的结构与功能，为自身的存在和进一步发展拓开新路，因此又具有可变性。

高等教育结构的稳定性与可变性是辩证统一的，大体表现为以下三种情况：

（1）高等教育某些传统的结构形式历尽沧桑，依然存在，但内涵已发生了某些变化。

（2）根据社会的需要，及时对结构进行重组或局部调整，以适应环境的变化，或创建新的高等教育结构形式。

（3）在不同的民族、文化背景和经济发展水平的国家之间，移植或借鉴某种高等教育结构模式。移植或借鉴的关键问题是，在社会的需要和高等学校的传统之间寻求一条恰当的途径，在变化了的外界环境与高等教育的结构、功能之间寻求一种耦合机制。只有这样，高等教育的变革才是有意义的，才是建设性的，才可能使新的稳定有序的结构出现。

3．渐进性与突变性的统一

高等教育结构的演化并非匀速平衡的，而是常常表现为渐进与突进两种方式。所谓渐进性，就是指在某些国家、某些历史时期，高等教育结构的变化比较缓慢、比较细微，主要是局部的变化和量的增减；所谓突变性，就是指在某些历史时期，某些国家和地区，高等教育结构的变革既有力度，又有广度，是某种带有根本性的、狂飙突进式的、质的变革。在一般情况下，高等教育结构的演化是渐进性的，而不是突变性的。当然，渐进的变革积累到一定程度，迟早要发展为整体的、质的变革，即结构与功能方面的重大变革。

4．他律性与自律性的统一

高等教育结构的形成和发展，是由社会生产力和生产方式的发展状况和整合程度决定的，因此具有“他律性”。高等教育的产生和高等教育结构的形成，本身就是社会发展到一定历史阶段的产物。现代社会的经济结构、政治结构、人口结构、职业结构及科学技术进步因素的变化等，更是直接或间接地影响着高等教育结构演变的速度和方向。在这个意义上，人们可以认为高等教育结构演变中的“他律性”是日益明显、日益增强的。高等教育结构演化中的“自律性”，就是高等教育的内在逻辑性和发展规律。无论“他律性”如何随着社会的进步而得到强化，“自律性”却是始终存在并发生作用的。

社会经济结构、政治结构、人口结构的变化，或迟或早要引起高等教育结构的变化。然而，这种变革选择何种途径、达到何种程度、跃迁到何种结构状态，却是“他律性”与“自律性”共同作用的结果。高等学校既有其传统的、习惯的“惰性”，又有在一旦寻找到某一合理的结构形式之后迅速发展的活力。“他律性”与“自律性”是矛盾的对立统一，高等教育结构演化的“自律性”受“他律性”的制约，“他律性”又必须通过“自律性”才能成功地实现。面对变化了的社会结构、社会需求与社会价值观念，高等教育结构必须做出相应的变革，这是“他律性”的体现，不以人的意志为转移。然而不同形态、具有不同重心和高度的高等教育结构如何适应社会需求的变革，却是由“自律性”决定的。因此，充分认识高等教育结构的双律性，把适应社会需求变化同遵循高等教育自身发展规律恰当地结合起来，把“他律性”与“自律性”和谐地统一起来，是高等教育结构改革的关键所在。

（三）高等教育的宏观结构

高等教育的宏观结构是指与经济、社会发展等外部因素关系密切、事关高等教育总体的高等教育结构。它主要包括层次结构、科类结构、形式结构、布局结构、管理体制结构五个方面。这五个方面并不是孤立的，而是一个相互联系、相互影响的有机整体。

1．层次结构

高等教育的层次结构，亦称水平结构，主要是指高等教育中各层次之间的组合比例关系，是一种纵向结构，通常按学历层次进行划分。目前，世界上绝大部分国家的高等教育都呈现出一种多层发展状态。

2．科类结构

高等教育的科类结构，又称专业结构，它是指高等教育不同学科领域的构成状态，是高等教育培养专门人才的横向结构，它包括专业门类的构成和比例关系，反映了社会分工的横断面，并决定着高等教育所培养人才的“品种”和规格。其主要制约因素是国民经济的产业结构。在同一时期或不同时期，不同的产业或同一产业的内部各部门对专门人才的需求，在数量和质量上是不同的，这里存在一个客观的标准和比例。它是高等教育全局性的基础工作，对社会发展有着非常直接的影响。

3．形式结构

高等教育形式结构主要指不同办学形式、学校类型的构成状态。主要包括高等教育的办学、经费、学校类型、学习形式等各种类型和样式结构。其中，学校类型和学习形式结构是主要组成部分。

高等教育的形式结构有三层含义：一是指全日制、半日制和业余高等教育等办学形式之间的比例及其联系方式，包括全日制大学、电视大学、夜大学、业余大学、自学考试、函授大学等；二是指不同类型的高校及其联系方式，包括综合性大学、单科大学、短期大学、教育学院等；三是指国家办的、地方办的、民办的高校之间的比例及联系方式。

高等教育的形式结构主要是由国民经济的消费和分配结构以及国家经济中生产资料的所有制结构等因素决定的，同时也在很大程度上受科技发展及其作用状况的制约。

4．布局结构

高等教育的布局结构，也称分布结构，是高等教育机构在地区分布上的构成状态。高等学校在各地的数量分布状况，不同形式和不同等级的分布，不同科类专业的分布，构成了高等教育整体的布局。高等教育的分布结构制约因素主要有以下三个方面：

（1）国民经济的地区布局结构。表现为经济较为发达的地区高校比较集中，高等教育发展比较迅速。

（2）各级政府和有关部门对高等教育作用的认识以及办高等教育的积极性。

（3）高等教育在各地区布局的历史沿革和文化发展状况。

5. 管理体制结构

高等教育管理体制结构，是指高等教育管理机构的设置、隶属关系、管理权限和管理内容以及与之相适应的各种制度、法令、法规、规定等的构成状态及作用方式。它是国家政体结构的一个组成部分，主要受制于国家政治制度、国家政体形式和生产资料所有制形式。

在不同的政治制度、政体形式和生产资料所有制形式下，高等教育的管理体制结构明显有别。它的合理与否往往反映着高等教育与社会的政治、经济的关系是否协调一致，对与政治、经济不协调的高等教育管理体制最终必须做出变革，以适应社会经济、政治发展的需要。

二、我国高等教育的宏观结构及其调整

我国是社会主义国家，实行的是社会主义市场经济，这种特定的政治经济结构决定了高等教育结构必须以服务于社会主义经济建设为目的，培养全面发展的专门人才。对高等教育结构进行调整和改革，目的在于寻求主动适应经济、政治和社会结构的最优化的高等教育结构。

（一）我国高等教育的宏观结构

1. 层次结构

中国成立以来，我国高等教育的层次结构发生了巨大变化。初步建立了与我国社会发展相适应的高等教育层次结构，在不断提高高职教育质量和水平的基础上，高职教育也得到了较快发展。这主要表现在以下三个方面：

（1）三级高等教育的规模迅速扩大。

（2）三级高等教育结构不断得到调整。

（3）加快了管理人才的培养速度。

2．形式结构

我国高等教育的形式结构主要由以下三部分组成：

（1）全日制普通高校。

主要包括综合性大学、专业学院或大学、短期职业大学和高等专科学校。

（2）成人高等教育机构。

主要包括函授大学、广播电视大学、夜大学、自修大学（自学考试）、职工大学、农民大学、教育学院和中学教师进修学院、管理干部学院，以及实施非学历教育的老年大学等。

（3）民办或私立高校。

我国高等教育事业经过 40 多年的发展，逐渐形成了自己的特色，并取得了较大成绩。从教育对象来看，形成了职前高等教育形式和职后高等教育形式并举的局面；从培养规格来看，形成了学历教育形式和非学历教育形式并举的局面；从教学方式来看，形成了课授面授形式、电化教学形式和函授教学形式并举的局面；从学习方式来看，形成了全日制形式和部分时间制形式、业余制形式并举的局面；从办学力量来看，形成了国家办学形式和其他社会力量办学形式并举的局面。

目前，我国普通高校超过千所，在校生达五百多万人，成人高校达七百多所，在校生达三百多万人。多种形式办学，反映了我国高等教育发展的客观需要。

3．布局结构

在政治、经济、文化基础、人口等因素影响下，我国高等教育布局结构呈现出以下特色：

（1）高等学校的地区分布呈梯层结构，多数高校集中在发达地区，其次是经济发达或比较发达的地区，而在边远省区和内地经济不发达地区的分布则较少。

（2）高等学校大多集中在中心城市。

（3）形成了从沿海到内地和边疆的高等教育布局，边远地区和少数民族地区高等教育有了突破性进展。

（二）我国高等教育结构存在的问题及调整策略

1．层次结构失衡

与发达国家相比，我国高等教育的层次结构仍然失衡，主要表现在以下两个方面：

（1）三级高等教育总体发展规模偏小，人才培养数量不足

有相当数量的本、专科院校在校生未超过千人。三级高等教育机构的潜力尚未充分挖掘出来。

（2）三级高等教育的发展速度不相协调

根据我国经济建设和社会发展的需求，三级高等教育都要发展，而发展的结果更加剧了原来的不协调。

我国高等教育层次结构调整的策略是：加快人才培养模式改革，提高培养质量；大力发展专科教育尤其是高职教育，突出“实用性强，技能高，使用成本低”等鲜明特色。

2．科类结构不完善

我国高等教育科类结构也存在许多问题，主要表现在：

（1）财经、政法类在校生数量仍然偏低，难以满足经济、社会迅速发展的需求。

（2）科类设置的短期行为严重。部分高校为迎合市场需求，不考虑科类结构的综合平衡，不顾条件盲目设置大量应用科类，削弱基础性科类，造成人才质量低劣。

（3）某些科类，尤其是应用科类低水平、重复现象比较严重。很

多院校以创收为目的争上同一专业，这样重复设置既容易冲击专业教学质量，也容易导致这些科类人才的结构性过剩。

（4）地方对专科程度的科类专业缺乏宏观调控，不利于高等教育科类结构的优化。

随着我国社会主义市场经济体制的建立和完善，现代社会、经济、科技、文化的发展和世界高等教育的发展，对我国高等教育人才培养提出了更高的要求，首先是科类结构的调整。而对科类结构的调整主要应瞄准我国经济、社会、科技发展的现实需要和发展趋势，及时、准确地进行人才需求的预测，为高等教育科类结构的优化提供依据。在科类结构优化的基础上，进一步促进高校结构的优化，改变单科性院校过多的局面，加强多科性大学建设，建设一批真正意义上的综合性大学。

3. 形式结构失调

我国高等教育形式结构存在的问题主要有：

（1）部分高校的规模太小，办学条件较差，办学质量有待进一步提高。

（2）从整个形式结构来看，各种教育形式之间联系不够紧密，缺乏统筹规划、合理分工和相互协作。

（3）普通高等教育内部的办学形式比较单一，全日制面授的住读生比例过高，电大生、夜大生的比例偏低。

（4）成人高等教育中，学历教育比重过大，对各种岗位的专业培训不够重视。

（5）国家对民办高等教育发展还未给予足够的重视，缺乏法律保障和一系列可操作的政策、制度、措施，使民办高校处境艰难，发展缓慢。

针对上述问题，进一步调整和改革的策略包括：加强各种形式教育之间的统筹规划、合理分工、相互协作；进一步发挥普通高等学校在多种形式办学中的核心和龙头作用，为全面提高各种形式的高等教育办学质量和办学效益做出积极贡献；大力发展现代远程教育，积极探索和建立网络学院等新型高等教育形式；发展和完善高等教育自学考试，探索和发展将高等教育自学考试与普通高等学校、成人高等学校、网络学院等有机结合的新形式和新途径。

4．布局结构不均衡

从总体上看，我国高等教育呈现出按三个梯度逐步推进的非均衡发展状态，三大区域高等教育发展规模在总体上呈现出东部高于中部、中部又高于西部的发展格局，尤以东、西部差距最为明显。西部地区高等教育经费严重短缺，办学条件差；教师待遇低，专业人才流失严重；办学环境差，学校难以形成自我发展的能力；高等学校少，绝大多数地级市、县级市没有大专以上的高等教育机构。

高等教育的布局问题是一个比较复杂且又很不容易进行结构调整的问题。它涉及许多因素，而且从不同角度出发可能会得出不同的布局观点。例如，从办学的效益看，高等学校相对集中在大城市，条件好、信息多，又便于与其他高校的横向联系，但对偏远地区的经济社会发展常有“远水不解近渴”的诸多不便；反之，若只考虑按地域划片，由于中国经济发展的极度不平衡性，可能会使那些地处偏远落后地区的高校在各个方面都处于不利地位，从而影响办学水平和教育质量。此外，高等教育的布局与历史有密切关系。当前的布局状况，并非某种设计的结果，而是多少年来由于各方面因素逐渐演变而形成的，因而要加以改变，也绝非易事。而且高等学校的创建、迁徙，是要碰到许许多多难于解决的问题的。所以，在布局结构的调整方面，还要从理论上和实践上做进一步的探讨。

那么，在21世纪，我国高等教育布局结构调整要与国家的整体发展战略布局相适应。对全国高等学校实行分层次、分类型指导，各地在规划、调整和设置高等教育机构时，应将各类高等学校统筹考虑。针对不同地区发展状况进行合理定位，尤其要配合我国城镇化发展，使高等教育通过中小城市辐射农村。

总之，高等教育宏观结构的调整应该从整体上进行优化。所谓整体优化，就是在一定条件下根据其特性，使高等教育结构整体具有满意功能的过程。高等教育宏观结构的优化应遵循三条原则：一是需求引导原则，必须最大限度地满足经济和社会发展的需求；二是总体性原则，必须从全局出发，优化配置资源；三是满意原则。理想的目标当然是最优化，实际上是必须考虑实行的条件和可能性，即不采用最优准则，只能采用满意准则，这就是科学的态度、可行的途径。

第三节 当前我国高职教育教学管理模式分析

所谓教学管理模式，是在一定的教育条件下，以教育理论为指导，依据教育教学规律和教育教学管理原则，采取一定的教育手段，基于多级的系统管理及运行，保证统一的教学质量标准的资源建设、整合与共享。它主要包括行政型教学管理模式、学术型教学管理模式两大类。

一、行政型教学管理模式分析

20世纪60年代以前，一直使用“教育行政学”作为有关教育管理学说的称谓。行政型教学管理主要是指利用行政手段和行政资源进行教学管理的活动。我国传统的高职教育教学管理主要采用的就是行政型教学管理模式，那是在国家计划经济体制下逐步形成的。

（一）行政型教学管理模式的特征

行政型教学管理模式的特征主要表现在以下五个方面：

1. 在组织原理上，长期形成的行政管理模式仍是高等学校内部管理的基础；政府对高等学校集权管理导致的高等学校对政府的依赖性和对政府管理模式的仿效性，在高等学校内部管理活动中得到充分反映。

2. 在组织机制上，以行政职能部门为中心，致使大学内部管理行政机关化。

3. 在权力分配上，学校中的一切事务由行政职能部门和行政人员决策，学术职能机构和学术人员只是虚设的“门面”。

4. 在人员组成上，学术职能机构往往多数由行政职能部门负责人组成并负责，致使学术人员发挥不了主导作用。

5. 在运作方式上，习惯于用行政职能部门的组织和操作程序来履行学术职能机构的组织和操作程序。

（二）行政型教学管理模式的弊端

行政型教学管理强调按照权威性的行政法规和既定的规范程序实施教学组织管理工作。这种管理方式具有高度的集权性和统一性，在一定程度上避免了各行其是、各自为政的弊病，在我国高等教育发展史上起到过一定的积极作用，但因它在具体的管理中主要只是满足于教师在“教”，学生在“学”，满足于教学不出问题，对于共性管理多、个性管理少，低层次的管理多、高层次的管理少，行政权力的管理多、学术权力的管理少等，因此行政型教学管理模式逐渐显现出一些弊端。

行政型教学管理的核心是决策行政化，行政决策十分强调规范和标准。但是，在社会经济飞速发展的今天，其规范和标准也随着社会的发展而产生相应的变化，一旦规范和标准发生变化，行政决策机能的发挥将会受到牵制，其所追求的目标将受到影响。这就是行政型教学管理的弊端，表现在刚性有余而灵活性不足，短期效益明显而长期效益不足，即明显的机械性。

那么，根据机械性思维的范式对行政型教学管理模式的弊端进行归纳，主要有以下几个方面。

1. 教学决策和计划过于封闭

行政型教学管理强调管理者的权威性，根据上级指示和权力意志进行教学决策、制订教学计划、教学改革方案和教学评估标准，编排并指挥教学人员，往往忽视专家、教师、学生和其他有关人员的参与。决策的民主参与程度不高，透明度低，有时甚至具有一定“暗箱操作”的特点。而且，在决策、计划之后，也缺乏完善配套的宣传、咨询、反馈、监督和评价机制，从而呈现出封闭或半封闭状态，使得作为学校主体的教师和学生不能很好地支持、参与和配合学校的教学管理工作。

2. 教学计划内容高度统一

我国高等学校多年来一直按照行政命令和国家计划，实行统一的办学模式、统一的教学计划、统一的课程设置、统一的教学大纲、统一的教材和教学方法，甚至统一的考试形式。这种管理模式在特定历史条件下能够起到非常重要的作用。然而，在高等教育多元化、开放化的今天，计划内容的高度统一容易导致课程结构呆板、选择空间狭窄、教学内容陈旧，与培养具有创新、讲求个性的现代高素质创造性人才的要求并不相符。

3. 教学计划的执行具有强制性

行政型教学管理实行自上而下的纵向管理，强调权威与服从。这样便导致了上下级之间、管理者和师生之间、教师与学生之间缺乏平等的交流和协商，缺少对管理对象特点和要求的分析与把握，从而按任务实施管理控制的多，有针对性地开展引导服务的少。学校教学管理职能部门和各级教学行政管理人员成为支配教学运行的核心和主体，教学第一线的师生处于被动和服从的地位，这样不利于系部、师生教学改革的开展。

4．教学评价流于形式

在行政型教学管理中，教学计划的制订及其实施效果的评价都是以管理者为中心，被管理者的评价往往只是作为部分信息的一般来源，而不是作为改进工作和参与决策的重要依据。因为教务部门的管理人员并不熟悉各学科的业务，不了解各学科的培养目标与要求，无论是对教学效果的检测、学生学业的考核，还是对教师的业务能力、教学水平的评估，都无法在质量上真正把关，因此评价指标体系缺乏科学性。再加上信息收集不全面、定性分析过多而定量分析太少，以及评价结果的落实、反馈不到位等原因，使教学评价在一定程度上流于形式。

此外，许多学校将对教师和课程的综合评价简化为单纯对教师的评价，缺乏对课程设置和教学内容的评价，更缺乏对教学计划的阶段性评价和整体性评价。而且教学管理者点是忙于应付繁杂的行政事务，基本上没有时间按照教育教学规律从全局的高度认真研究教学管理和教学改革，因此在教学质量检测、考核、评估的标准方面以及在教学活动的监控、指导、改革等方面也很难以达到一个较高的水平。

二、学术型教学管理模式分析

学术型教学管理是根据教学活动和学术发展的内在规律以及理论知识的权威性，依靠专家、学者对高校内部重大教学事务和学术工作进行决策管理的过程，它是现代高职教育教学管理的主要方式。学术型管理的模式是基于适当分权，建立比较完善的学术组织，形成可持续发展的演化态势。

（一）学术型教学管理模式的现实意义

学术型教学管理是高校适应性思维范式的应用，它对当今高职教育教学管理改革具有深刻的现实意义。

1．能够充分发挥学术组织在教学管理中的积极作用

通过制度创新和内部管理体制改革，可以充分利用宝贵的人才资源，建立一系列学术管理组织。使学术管理的工作性质和范围更加明确，学术管理在高职教育教学管理中的地位得到确立。还可以充分发挥学术组织及其成员在教学管理中的决策、咨询作用，建立起依法治教、依法管理的运行机制。

2．能够适应现代高职教育教学改革发展的需要

运用西方先进的管理理论、管理技术和管理方法，结合我们的国情、校情，进行高校整合和创新是现代高职教育教学改革发展的需要。整合意味着在进行决策时要具有相互依赖的意识，要具有把组织与更大的体系联结起来的共同使命感。创新就是要打破原有的秩序，认识、发现并针对旧秩序内部的不协调现象进行变革。当自我利益与共同利益相一致时，整合才会成功，组织才有长期的发展前景，学校才能提升自身的实力、水平和地位，扩大影响力。当管理者观察到旧秩序中的不协调现象之后，利用机会将威胁转化为机会，寻找解决问题的方法，消除不协调现象，才能使系统在更高层次上实现新平衡的创新构想。

只有应用学术型教学管理模式才会使得这些整合与创新得到实现，从而满足现代高效教学改革发展的需要。

3．能够充分体现以人为本的管理思想

随着管理方式的不断更新，管理决策的趋势也在不断变化，其中，管理决策中的“人本化”充分体现了以人为本的管理思想。以人为本就是尊重人、关心人、依靠人，广大师生只有得到充分的尊重、关心和依靠，才能产生学术研究的激情，才能有创新之举。

高校是科技发现和知识创新及传播的重要场所，需要更多的自由讨论和交流，需要不同学术倾向和众多门派的学术群体在学术上各抒己见。而只有应用学术型教学管理模式，以人为本，才能使众多师生在学术激情下产生思想的火花，从而活跃校园学术氛围，培养出敢于超越的创新型人才。

（二）高等学校学术管理的模式转型

高等学校学术管理的模式转型主要是管理主体地位的转换。就是要将高等学校学术管理由以行政职能部门和行政人员为主导，学术职能机构和学术人员有限参与的一种范式转化为由以学术职能机构和学术人员为主导、行政职能部门和行政人员积极参与和实施决策的一种新范式。这种模式转型的作用表现在：

1．使高等学校内部管理更加符合高等学校内部管理活动特点和办学规律，正确处理行政职能部门与学术职能机构、行政人员与学术人员的关系。

2．使大学内部管理以学术职能机构和学术人员为“轴心”，发挥学术职能机构和学术人员的主导作用。

3．使高等学校内部管理的运作方式更加“贴近”高等学校学术型事业发展的特点，改变用行政运作方式代替学术运作方式的状况，从而创建新的高等学校内部管理的“游戏规则”，使高等学校内部管理进入一个新的管理局面。

那么如何进行学术型管理模式的转型呢？

首先，下放管理权限，提高二级学院的管理权力。在我国高职教育教学决策机构上，现在仍然是按照等级制设置的。校领导拥有一般教学事务的最后决定权，教务处作为协助和落实校长决策的职能部门，这两级机构有相当大的决策和管理权力，而二级学院的权力相对较小。对这种集权式的体制应做出改革，转变校长和教务处的职能，增强其宏观规划和指导的职能，将一部分管理权力下放到学院，允许学院在具体工作中创造性地开展教学管理工作。

其次，引进现代管理方法，增强决策和管理的科学性。应本着开放的态度，适应形势的发展和要求，在教学管理中引进系统科学、控制论、信息论、决策科学等现代科学理论和管理方法。同时，运用计算机信息网络化手段，借鉴国际上的成功经验，建立决策信息系统、智囊系统、决断系统、监控系统等完善的管理体制，增强决策和管理的科学性和规范性。

再次，师生参与管理，形成教、学、管三位一体。管理者应从过去的“大包大揽”转变为加强引导和服务，大力倡导师生参与管理，建立教师、学生和管理人员三者之间权力制衡机制，以促进教学管理更加良性、高效和务实的发展。

最后，推行弹性学制，营造创新型人才成长的有利环境。弹性学制有利于克服目前高职教育教学管理中存在的教学计划过多、培养模式单一、课堂学时偏多、专业面太窄等弊端，可以适应学生的不同情况和学习要求来安排教学，在保持必要的统一性的前提下，突出教学的个性化要求，有利于学生综合素质的提高和创新能力的培养。弹性学制是高职教育教学管理体制改革的一项重要内容，它既增加了学生学习的动力，同时也为教师提供了较好的激励、竞争机制。

第二章 素质教育背景下高职教育教学管理机制研究

现今，高职教育教学管理机制的设计变得比较突出，这是因为有如下三个客观的现实因素：其一，高等教育大众化以及由此而带来的高职教育教学规模的扩大，使得当前我国高等学校教育质量与数量的矛盾日益突出。这就使得在高职教育教学管理中，出现了这样一个问题，那就是在高校办学规模扩大的背景下，在符合标准和常规要求的教学条件下，如何通过有效的教学过程管理来保证高职教育教学质量以及人才培养质量；其二，高等教育改革的市场化取向对高职教育教学管理提出的内外平衡要求。高校正面临着竞争日益激烈的办学环境，而高校内部的教学管理则仍然沿袭着传统的计划和行政主导的管理模式。这样，外在的竞争环境和内在的计划导向之间就产生了冲突，如何加以解决并进一步优化教学资源配置、提高等教育学质量，也是一个问题；其三，高等教育的国际化发展趋势，使得无论是部属高校还是地方高校，都面临来自国外高等教育机构的挑战。那么如何不断地提高等教育学质量和办学水平，使我国高校在面临外来挑战时立于不败之地，又是一个问题。上述三个方面的因素，对高校重新思考和设计其内部的教学管理机制提出了要求。

第一节 高职教育教学管理机制的内涵

高职教育的教学管理系统在人的因素上，包含着高职教育教学管理的决策者、教学管理者、教学者、学习者以及教学评估人员、教学督导人员等。除了教学系统外，还有后勤系统、学生工作系统、人事管理系统、成人教育系统，等等。所有这些系统及教学系统内部的各种因素构成一种极为复杂的动态关系。然而，高校内部的各种要素及由其所构成的动态系统要实现和谐统一，就要建立一套有效的教学管理机制。而高职教育教学管理机制这一概念的内涵以及高职教育教学管理机制建立的基本出发点等问题，是建立高职教育教学管理机制的基本理论问题，也是建立教学管理机制的现实前提，我们将在本节予以阐释。

一、什么是机制

要想理解高职教育教学管理机制的内涵，首先需要理解机制的内涵。“机制”一词最早源于希腊文。原指机器的构造和动作原理。生物学和医学通过类比借用此词，用以表示有机体内发生生理或病理变化时，各器官之间相互联系、作用和调节的方式。后来，人们将“机制”一词引入经济学的研究领域，用来表示一定经济机体内各构成要素之间相互联系和作用的关系及其功能。

机制设计是社会竞争的结果，这是因为机制与竞争密切相关。没有竞争，大概也就无所谓机制问题了。人类各项事务活动的群体性决定着某种自发生成的机制的存在。无论何种社会活动，都有一定的机制在起着引导与制约作用。竞争所可能带来的人与人之间的冲突，需要通过各种有形或无形的手段，使竞争在一定的要求下展开。当市场导向的教育改革在教育领域全面展开时，社会就会对个体及集体的教育行为提出相应的约束条件。因为市场在某种程度上意味着行动的自由。然而任何社会都需要对个体及集体的行动自由加以约束，以保证公共利益的实现。这其中一个重要的问题，就是在竞争的环境中，在数量规模扩大的情况下，如何使竞争有序进行，同时又使得最后的成果大大超过每个人单独活动的成果。

人们对于机制内涵的理解存在着不同的观点，归纳起来主要可以分为如下几种。

（一）机制即制度的观点

不管人们对于机制做出何种解释，机制似乎总与制度联系在一起。机制实际上就是制度的运行及与制度运行相关的组织系统内部的各种关系。因此，要想理解什么是机制，就必须首先理解什么是制度。

1．什么是制度

关于制度，通常被认为是在一个社会组织或团体中要求其成员共同遵守并按一定程序办事的规程。这样，制度就至少涉及两个方面的内容：其一是人们生活于其中，既要保证个体利益又不妨碍他人利益的基本规范；其二则涉及关于制度的制度，即在制度确定之前，必须考虑一个为人们所共同遵守的制度应当如何被制定出来，这便是议事的规程亦或办事的程序。

2．制度建设

与制度相关的概念，就是“制度建设”。制度建设则是通过组织行为改进原有规程或建立新规程，以追求一种更高的效益。制度建设意味着人们对已有制度的不满意，以及对于满意制度的追求。原有制度为什么会让人感到不满意？这涉及前人与后人的关系以及在这种关系背后所内含的实际价值冲突。制度建设涉及对原有制度的改进和创建新的制度。它大致包括以下三方面内容。

（1）公共规则的制定。

这里的“公共”概念需要略加说明。它在范围上有着很大的差异。有国家意义上的“公共”，在这种情况下，公共规则就是国家的法律和法规；有社会组织层面上的“公共”，在这种情况下，它就是组织内部的规章制度。说它是“公共的”，是因为在其效力的范围内是人人都要遵守的。

（2）规则执行的保证规范。

制度不仅包括应当遵守的规范，也包括有关规则执行后果的规范。没有这样的保证性规范，那被视为公共的规则就不可能为人们所遵守。

（3）坚持公平原则。

首先，任何规则都必须指向它的效力所及范围的任何个体，或者说，任何个体都无特权能够超越规范的约束，即规则面前人人平等。

其次，规则的制定本身必须能够反映所有规则执行者的意志。无论是通过交往理性，还是通过公共理性，每一个个体都应该能够通过适当的方式参与到规则的制定中来。任何个体都不能在规则的制定过程中表现出多于其他人的意志力。

（二）机制是保证系统运动有序的程序和力量的总和的观点

管理学以复杂的管理系统为研究对象。这样，一个先于管理学研究而存在的是自然系统的存在，一个基于自然系统而存在的是社会系统的存在。任何社会系统，都无时无刻不在运行着。它像生命的有机体那样，通过系统内部各构成要素之间的相互作用，而保证着系统的生命力，驱使着系统不断地演进。在这个过程中，有两个必须要确定的问题：一是系统得以运行的动力是什么，也就是系统为什么能够如有机系统般地充满活力并不断地朝向某个神秘的目标前进？二是系统的前进又是以一种怎样的顺序而进行的？很显然，经验告诉我们，它的运动变化并不是无序的，而是遵循一定的程序展开的。按照系统论的观点，系统运行的动力和程序，最终都要归结于内在系统的机制，一种一经启动就可以自发地不停地开始生生不息地运动的平衡关系。

因此，从管理学看来，所谓的机制，就是指管理系统内各子系统、各要素之间相互作用、相互联系、相互制约的形式及其运动原理和内在的、本质的工作方式。就如同生理机制一样，在各种构成要素保持正常状态下，生理机制就会促使身体的各部分功能正常地发挥；反之，当各构成要素之间因机制的误置而出现紊乱时，身体的各部分功能就会失衡，从而导致身体机理的破坏。

（三）博弈论

所谓“博弈”（Game），是指某些个人或组织做出相互有影响的决策，它不仅包括扑克、桥牌等游戏，也包括现实生活中大量的合作和冲突现象。博弈论，又称“对策论”，研究的核心是决策主体的行为发生直接相互作用时的决策以及这种决策的均衡问题。

从博弈论的角度看，机制是社会的博弈规则，是人类设计的制约人们相互行为的约束条件。生活于社会之中的每一个人的行为，都不是单纯的个人行为，而是会影响到他人的存在或他人的行动。因此，每个人的行为都是相互行为，把个体的行为只看作单纯的个体行为，只会从根本上颠覆整个社会秩序。

基于以上认识，社会组织的建构必须考虑对人们的相互行为加以约束。例如，当若干人聚集在一起分蛋糕时，就必须要考虑建立起能够切分蛋糕的机制，以使得蛋糕的切分公平，同时又使得这些人集合在一起而建立起社会组织。没有这样一个有效的切分机制，那么不仅会使个人利益受损，还将使得社会组织的建立成为泡影。有效的机制就是分切蛋糕者后取。当然，这里面涉及这样一个问题，就是对人性的基本判断的问题。这个问题先于任何机制的建立。在切分蛋糕的个案中，它假定每个人都是自爱的，是基于理性的判断而努力使自己得到更多的好处，那么机制的设计是必要的，并且是必须的。如果假定人都是爱他人的，都是讲道德的，那么机制的设计问题就变得毫无意义。因为倘若每个人都是在替他人考虑，那么也许在这里所要研究的，则是如何使一个人关心他自己这样的问题。而如果每个人都不关心自己，那么又怎么能够去关心他人呢？显而易见，这样的社会也将会是一个非常麻烦的社会。

据以上分析，那些约束条件可以是非正式的，如社会规范、惯例、道德准则，也可以是有意识设计或规定的正式约束。而博弈规则则涉及一对设定构成，即由参与人能够选择的行动（决策集）以及参与人决策的每个行动组合所对应的物质结果。因此，从博弈论的角度来看，机制也可以定义为组织通过什么样的制度安排来激发或约束组织内个体或群体的行为。就此而言，机制的核心就是制度安排，而其目的则是对组织内部个体或群体的行为加以激发或约束。组织内部之所以要对其个体或群体的行为予以激发或约束，是因为组织乃是有着共同目标有待实现的集合体。而此目标的实现，有赖于组织内部的个体间的合作与努力。没有这样一个激发或约束的制度安排，若干个体的集合体就如一群乌合之众，不要说组织的目标难实现，就是个体需要的满足也将变得困难重重。为什么要组织起来为实现一定的目标而努力？因为组织中个体力量的有限性，决定了需要借助个体间彼此的力量。

综上所述，可以把机制的制度观和博弈论观点相结合，可以把机制看作是社会组织为激发或约束个体和群体的行为而设计出来的制度安排。在这个定义中，机制表现出两个方面的主要功能：一是激发个体或群体的某种行为发生，这种被激发出来的行为，正是组织所期望的行为，借助这些行为的施行能够有效地实现组织目标；二是约束个体或群体的某些行为的发生，这些被约束的行为是组织系统所不期望的行为，且它们的发生将对组织目标的实现产生严重的阻碍作用。同时，定义中所提到的制度是在严格的意义上使用的，即在人为设计出来的正式规则的意义上来使用的。因为就人类的约束机制而言，大量的规则，那些对人的行为有着重要影响的习惯、道德、风俗等，乃是自发形成的；而设计出来的制度，只是占人类的各种规则总量中的一小部分。当然从组织管理学的角度来看，管理者可以对那些自发形成的制度加以影响。这种影响的结果则可能使新的习惯或风俗的形成。

二、什么是教学管理机制

对于教学管理机制的理解，主要可从两个大方面来理解，即它的抽象意义以及具体意义。

（一）抽象意义上的教学管理机制

在抽象的意义上，可以把“教学管理机制”理解为教学运行过程中教学系统内部各个构成要素之间的相互联系和彼此作用的关系，是对教学运行过程属性的抽象概括。教学管理系统尽管涉及人、财、物、时间、空间、信息等诸要素，而这些要素之间的相互关系也均应当作教学管理学研究的对象，但就机制设计而言，关键的要素是人，教学管理机制就其实质而言，所要考虑的是人与人之间的关系。任何教学管理系统内部的成员，可以从个体的意义上来说，也可以从群体的意义上来说。个体的类的聚合，就形成教学管理系统内部的群体的概念。因此，机制所要考虑的人与人之间的关系，就应当是个体与个体、个体与群体以及群体与群体之间的关系。

（二）具体意义上的教学管理机制

在具体的意义上，可以将教学管理机制理解为：教学组织系统为激发和约束教学组织系统内部的个体与群体的行为而进行的制度安排。在这里，教学组织系统内部的个体，主要包括教师、学生、教学管理者以及高校内部与教学直接关联的其他一些人员，但重点是教师和教学管理者；其群体则是上述个体的类的集合，如作为群体的教师、作为群体的学生、作为群体的管理者等。

结合第一种有关教学管理机制的理解，教学管理机制研究的核心问题，就是教学管理通过怎样的制度安排，而使得教学系统内部的所有人员，其教学的热情和积极性都能得以极大地调动与激发，同时又使得各种有碍于教学目标实现的那些行为得以最大限度地减少。

组织系统内部各成员之间的行为是相互影响的。单纯地看，一个制度安排也许是好的，但是由于它必然要牵涉到组织系统内部的其他成员，因而一个看起来好的制度安排，实际运行则可能造成一个坏的结果。因此，制度安排的核心是教学管理系统内部成员的各种关系的妥善处理，即从教学目标实现的角度出发，尽可能使得每个成员，无论是教师还是教学管理者，都能够心情舒畅地、全身心地投入教学工作。在对这样一个问题的研究中，一方面应分析教学管理的各项制度与规范；另一方面应研究各种非制度化的东西对教学管理运行过程的影响。

三、教学管理机制的核心问题分析

从前面对教学管理机制的理解来看，教学管理机制的核心问题有如下两个。

（一）有助于教学目标实现的诸行为的激发问题

从教师的教学来看，显然，认真备课，在备课的过程中查阅各种资料，对教学过程进行精心的设计，认真地组织课堂教学和实验教学，组织学生参加各种社会实践活动和课外活动，引导学生进行职业体验等，有利于高校生的能力培养和素质提高。因此，教学管理就应当通过机制设计，促使上述行为的出现，而且并非短暂地而是持续不断地出现。

（二）不利于高校生能力培养和素质提高的行为的抑制问题

那些不利于高校生能力培养和素质提高的行为，需要通过机制设计予以抑制，使其在日常的教学工作中不被表现出来。

但是，无论是教学行为的激发还是约束，教学管理机制的建立都必须以对教学行为的分析为条件。为此，建立有效的教学管理机制时，需要鉴别出对教学质量有着至关重要影响的教学行为有哪些、各种教学行为彼此之间的关系、教学行为与高校内部的其他方面的行为。不仅如此，还需要考察激发或约束的行为与高职教育教学管理系统外部环境之间的关系。这种鉴别对于教学管理机制的建立仍具有方法论上的意义。没有这种对教学行为及与其他行为之关系的鉴别，则一切有关教学管理机制的建立的构想都是虚空的。

还要特别强调的是，教学行为的鉴别是一项系统的管理工作。对于教学行为的鉴别意味着为实现提高等教育学质量的教学管理机制能够被设计出来，却可能是无法自我实现的。它的有效实现需要一种额外的实施机制，鉴别正是这种额外的实施机制的表现。然而要做到准确地鉴别，则需要对鉴别者给予适当的激励，以使其忠于职守。所以，教学管理机制的设计就不仅是对教学者的行为激发或约束的问题，同时也是一个对教学管理者的行为激发或约束的问题。

第二节 高职教育教学管理机制的设计

高职教育教学管理机制设计是一个有关如何进行制度安排以约束和激励个体行为或群体行为的问题，它与对组织管理、对管理的对象——人、对学校作为社会组织之基本的看法有着不可分割的联系。为此，需要对有关教学管理机制的设计进行探讨。

一、设计的主要内容

教学管理机制的核心是通过有关教学管理制度的制定与实施，以保证教学过程的顺利展开。那么，从教学管理机制的设计内容来看，其主要应包括机制设计需要解决的核心问题以及价值设计涉及的基本内容。

（一）机制设计需要解决的核心问题

高职教育教学管理机制设计需要解决的核心问题，是有关高校教师和教学管理者的行为激发和约束问题。具体应当解决如下几方面的问题。

1. 高职教育教学工作的有序运行

高职教育教学工作的有效展开是高职教育教学质量的根本保证。对于任何一所高校来说，教学工作都是一个动态和发展的过程。不同的教学工作状态将会直接影响到高职教育教学质量的高低。从根本上说，高校提高等教育学质量需要保持其教学工作处于一种有条不紊的状态，使得整个教学工作能够按照高职教育教学规律来展开。高职教育教学管理需要建立促进教学工作有序展开的运行机制。这种运行机制是高职教育教学规律的反映，也是实现高职教育教学目标的必要手段。高职教育教学运行机制涉及的问题很多，其中主要涉及以下几个问题。

（1）教学工作的方向问题。

教学工作方向问题主要是解决高职教育教学组织系统内部个体目标与教学组织目标之间不一致的问题，从而使得全体教职员工都能够努力工作以实现学校教学组织目标。人的各种活动都有其目的性，都指向一定的预期结果。行为的预期结果就是人们所说的行为目标。人们之所以追求某种行为活动的结果，是因为这种结果会带来能够满足其需要的资源。但是利益上的冲突和价值观的差异会使得每个人的行为目标具有一定的差异性。能够满足个人需要的资源则是稀缺的。由个体组合而成的社会组织，是一个具有共同利益的群体。社会组织的共同利益被称为集体利益。资源的有限性决定了个体利益在某种程度上存在着冲突。奥尔森的“集体行动的逻辑”所提供的理论模型则说明，个人追求个体利益的行动最终导致的结果则是集体的非理性，即它并不必然地会带来集体利益的最大化，最终使生活在集体中的每一个体的自我利益都受到损失。为此，高职教育教学管理必须做到使个体的目标服从教学管理目标。

（2）教学重大事项的决策问题。

教学工作重大事项的决策机制，是要解决为实现教学组织目标而不得不做出的有关方法与手段的选择问题、有关教员的选任、教学计划的编制以及教学管理制度的创新等，都是高职教育教学决策的核心问题。不同的决策机制将会带来不同的结果。科学设计教学决策机制，将使得高职教育教学管理能够选择更好的实现管理目标的方法和手段。

（3）教学任务的分配问题。

高职教育教学任务的分配同样是一项日常的管理工作。不同的任务分配方式不仅会影响到教师的直接利益，也会影响到高职教育教学目标的实现。对于非营利性的高职教育教学管理组织来说，到底选择一种怎样的任务分配机制更有利于高职教育教学管理呢？这是高职教育教学任务分配机制所要解决的问题。

2．高校教职员工的行为动力

行为动力问题实质就是人们常说的积极性问题。从行为主体看，行为动力涉及对个体行为工作动力的激发及对由人所构成的组织动力的激发。高职教育教学管理的工作动力机制，由于其组织的内在逻辑，既不同于政府组织以权力为基础、以公共责任为机制的激励，也不同于营利性组织以利益为基础、以市场为其机制的激励。学校组织的公共性以及有限的市场介入使得高职教育教学组织与系统既需要责任机制，也需要一定的市场机制；然而它的责任机制不同于以权力为基础的公共责任机制即责任激励，它的市场机制也有别于以利益为基础的完全市场机制即竞争激励。

尽管在很多的管理学和经济学的研究文献中，人们通常把竞争看作是激励的一种形式或手段。但在此还是需要将它们区分开来。通过一定的制度安排解决人们的行为动力问题，这就是教学管理动力机制要解决的问题。

在管理学的发展历程中，随着管理学家与管理实践者们对人的重要性的认识逐渐加深，激励的内涵也越来越丰富。这可以从以下三个角度进行理解：

第一，从目的上看，激励就是调动人的工作积极性，提高其工作效率，解决被管理者工作热情、积极性、创造性不足的问题，发挥其潜能使其努力工作。

第二，从内含上看，人们已经认识到，不管人们如何界定激励，但其核心都是激发人们按一定方式行为的过程。

第三，从激发的主体上看，人们的某种行为的激发可以是来自他的管理者，也可以是来自他的从事相同工作的同行或同事。我们把来自前者的行为激发称为激励，把来自后者的行为激发称为竞争。这样，教学管理中的动力机制就可以区分为激励机制和竞争机制。

3. 高校教职员工的行为约束

人们的行动总是有一定方向的。方向错了就如同南辕北辙，越是努力工作，工作的损失就可能越大。目标机制是要解决教学工作和教学管理工作开展之前的目标方向，从自然的角度来看是工作的方向问题。但是在实际工作过程中，教师的教学行为和教学管理者的教学管理行为并不必然服从于目标的定向。人的行为的自利性以及理性的有限性，都会使教师和教学管理者的行为偏离其预先设定的目标与方向。为此就需要在实际工作过程中对其行为加以约束。约束的直接目的就在于保证人的行动方向不偏离目标，从而保证教学系统与被管理者个人的根本利益。

对教师及教学管理者行为的约束，可分为制约和监控两个方面，二者的主要目的都是防止隐蔽行动道德风险的发生。这样也就可以把约束机制区分为制约机制和监控机制。

（1）制约方面。

制约就是使教师和教学管理者的行为以某种外在的存在与变化为条件，强化其实现组织目标的正当行为发生。教学管理的制约机制，将着重分析能够对教师和教学管理者的行为加以有效制约的因素以及这些因素如何相互配合才能够有效地对其行为加以约束等问题。

（2）监控方面。

监控则是监督与控制，即对教师和教学管理者的行为加以实际地考察与纠偏。教学管理的监控机制则主要分析研究如何以最小的管理成本，获取有关教学被管理者的真实而较为全面的信息，如何对实际的偏差行为加以纠正等问题。

（二）机制设计涉及的基本内容

根据以上分析，可以将教学管理机制要研究的基本内容区分为教学管理的运行机制、教学管理的激励机制和教学管理的监控机制。

1．运行机制

高职教育教学管理的运行机制主要涉及教学目标的确立机制、教学决策机制以及教学任务分配机制。

（1）教学管理目标机制。

教学管理目标机制着重于研究解决学校教学系统不同个体之间、个体与教学组织之间、不同教学组织系统之间有关教学目标、教学管理目标的统一问题。明确且经过努力可以实现的目标可以为行为个体提供动力，而且可以减少管理活动的成本投入，提高等教育学管理效益和教学效率。统一整合教学目标系统将有助于提高等教育学管理的效率，为高质量地完成教学任务提供前提条件。

（2）教学决策机制。

教学目标及教学管理目标一经确定，教学管理者就必须考虑实现目标的手段、途径、方法和方式等问题。在现实的教学管理中，对于目标的实现存在着各种可能的手段和方法。为此，就需要在各种可能性中加以抉择，使管理的可能性转化为现实性。然而这个问题在传统的高职教育教学管理中并没有引起足够的注意。有关高职教育教学管理的理论研究，都是在假定目标统一的前提下来展开其理论框架、设定其管理模式的。

（3）教学任务分配机制。

教学目标与教学管理目标不仅受到人们的利益支配，更受到人们的教育价值观和管理理念的支配。不同的教育价值观和管理理念将形成不同的教学目标和教学管理目标。而教育价值观与教学管理理念的不同也是现实存在的。为此需要在形成较为一致的教育价值观和教学管理理念的前提下，努力形成统一的学校教学目标系统。

2．激励机制

激励是指根据活动参与者的心理需要，科学地运用一定的外部刺激手段来激发参与者的动机，调动参与者的积极性，使之朝向一定目标进行的心理过程。有效的激励手段必须符合活动参与者的心理需要。激励机制是在一定理论的指导下，有针对性地运用激励方式启迪活动参与者的心智潜能的工作系统。科学的激励机制能够极大地调动活动参与者的积极性，从而使管理活动获得良好效益。教学管理激励机制侧重于研究解决教学系统内部个体教学工作和教学管理工作的积极性问题。教学激励机制将依据激发的主体区分为激励机制和竞争机制。

高校教师及教学管理者是有限理性人，而非理想化的道德人。因此，高校管理者有必要在了解高校教师和教学管理者需要的前提下，通过满足高校教师和教学管理者的需要，来激发其工作动力。而在理论分析与探讨的基础上，将通过高校所实施的分配制度本身的个案研究揭示不良的分配制度，不仅难以调动教学系统内部个体的工作积极性，而且有可能挫伤其积极性。那么如何调动高校教师以及教学管理者的积极性并避免激励机制表现出有违初衷的非预期结果是高职教育教学管理激励机制需要解决的问题。

3. 约束机制

教学管理的约束机制主要是研究解决如何防止与纠正对个体行为和组织行为在工作过程中可能存在的道德风险与偏离目标组织行为的问题。

随着高等学校办学规模的扩大，教学质量的监控问题越来越引起人们的关注。不仅高等教育理论工作者关注，高等教育的实践工作者更加重视。在一个规模较小的教学系统中，教学质量监控可能通过传统的手段与方式来实现。而在一个规模很大的教学系统中，传统的监控手段就很难达到监控的目的。同样，对教学工作行为的制约也是如此。高职教育教学工作既有外在的制约因素，如国家有关高等教育的法律法规与政策，也有高校自身的制约因素，如学校内部的规章制度；既有来自社会舆论的制约与监督，也有来自作为受教育者的学生的制约与监督。如何将各种制约因素有效地整合与协调，以共同促进高职教育教学质量的提高，就是教学管理约束机制要解决的问题。

二、机制设计的理论基础

任何机制设计都必须首先明确所设计的机制要解决的问题。明确管理机制要解决的问题，是进行机制设计的前提。问题的类型不同、性质不同，要实现的管理目标不同，解决问题所需要的管理资源就不同，从而要采用的管理方式方法也就会不同，管理的运行机制也会有很大的差异。任何行动都是以一定的理论为先导的，即使是在一个前所未有的行动中，某种先于行动的理论图式也是存在的。高职教育教学管理机制设计同样需要以一定的理论为基础。高职教育教学管理机制设计的理论基础主要有信息不对称理论、委托—代理理论、管理博弈论和制度理性选择理论。

（一）信息不对称理论

高职教育教学管理中的信息不对称是设计教学管理机制的依据之一。信息不对称理论作为现代信息经济学的核心内容，是微观经济学研究的重要内容之一。经济学上所谓的“信息不对称”，是指市场交易中参与市场交易的双方在掌握信息上处于不平衡状态，即参与市场交易的一方较之另一方处于信息优势地位，掌握着更多的信息，因而存在着利用信息为己方获得利益进行欺骗或不公平竞争的动机。

信息不对称现象普遍存在于我们的日常生活中，同样也毫不例外地存在于高职教育教学管理活动中。非对称性信息的存在对管理与工作过程提出了机制设计的要求。

信息不对称是相对于信息对称而言的。所谓对称的信息，是指在一种相互对应的教学管理与被管理关系中，管理者与被管理者都掌握对方所具备的信息度量，即管理者与被管理者双方都了解对方所拥有的知识和所处的教学环境。信息对称可以分为三种情况：其一，管理者与被管理者都没有掌握有关信息的全部信息环境，即双方都处于“无知”状态；

其二，管理者与被管理者都掌握度量一致或度量相似的信息环境，即被管理者知道的，管理者也非常清楚；其三，双方都拥有完全信息环境，即有关教学的所有情况，管理者与被管理者了解得一样清楚。然而，教学管理中的完全信息对称是管理中的理想状况，在通常情况下，任何组织的管理者都难以实现管理的完全信息对称。因此，表面上的信息对称，往往掩盖了很多信息，从而形成信息不对称。社会的劳动分工和专业化的存在和发展，使得在实际管理中，管理者要想获得完全的信息也是不可能的。反之，非对称信息则是社会劳动分工和专业化存在和发展的必然结果，是劳动分工和专业化在管理信息领域的具体表现。

所谓非对称信息，就是在管理者与被管理者之间不做对称分布的有关某些事件的知识或概率的分布。一方面，社会劳动分工使管理者与被管理者之间产生了巨大的职业信息差别，进而使得管理者与被管理者在不同的信息领域或不同的时期，产生了不同的信息优势或信息劣势。信息优势或信息劣势的出现，意味着信息非对称性从可能变为现实。另一方面，专业化产生的信息差别还使得个人在其自身的专业领域比其他专业领域的个人了解更多的专业知识，而其他专业的个人则平均地比该专业的个人了解得更少，从而导致专业性的信息优势或信息劣势。非信息对称有两种情况：一是从非对称信息发生的时间看，信息非对称可能发生在当事人进行合作之前，也可能发生在当事人进行合作之后；二是信息非对称的内容，即非对称信息是指某些参与人的行动具有不可观测性，或者参与人的知识不同。因此，管理机制设计涉及事前非对称信息的管理机制、事后非对称信息的管理机制、隐蔽行动的管理机制以及隐蔽信息的管理机制。

由于信息传递和交流过程存在于教学管理的各个环节，那么信息不对称也必然存在于整个教学管理过程中。目前，我国高等院校教学管理所面临的严重信息不对称主要表现在以下五个层面。

1．各院系与学校教学管理部门之间的信息不对称

院系掌握着比教学管理部门更多的有关教学、专业技能方面的信息，而教学管理部门则拥有更多的有关管理方面的信息。

2．各院系之间的信息不对称

由于学科门类、师资力量、学生供求等存在差别，各院系相对于其他单位占有本单位学科、专业及社会供求方面更多的信息优势。

3．各院系内部的信息不对称

各院系领导之间、领导与教职员工之间、不同专业的教师之间、教师与教学辅助人员之间等所拥有的信息类别和数量都存在着差异，“术业有专攻”是一种普遍现象。

4．教学管理部门内部的信息不对称

教学管理部门要实施具体的教学管理和服务功能，必然在具体工作中有各自的侧重点，从而在信息占有上也会有所差异。

5．教师与学生之间的信息不对称

教师作为某一领域的专业研究者和工作者，必然拥有比学生更多的专业信息，而当代大学生整体素质的提高使得在某些方面也拥有了比授课教师更多的信息资源。

总之，对高职教育教学管理中的信息不对称现象进行理论上的分析，在实践中有目的的克服信息不对称对于教学管理活动产生的阻碍作用和消极影响，对于提高高职教育教学管理的科学化、规范化和高效化，促进高职教育教学管理改革和发展，以及最终促进高等教育的发展都有着极其重要的意义。

（二）委托-代理理论

委托—代理理论主要是研究存在“信息非对称”情况下的激励与约束机制设计问题，其机制设计的最终目标是追求激励和风险分担的最优替代。委托—代理理论以有限理性的社会人为其出发点，它认为，出于不同的原因，社会组织的管理者需要将若干性质不同的任务分派给组织内部的成员。这导致组织内部管理的信息流动问题。组织内部信息流动的最基本特征是信息的分散性和目标不一致。有限理性人以追求个人利益的最大化为行为目标。信息的分散性使得组织内部成员拥有私人信息（有信息优势）。私人信息大致可以分为两类：一是委托人无法观察到代理人的行动，它引发出道德风险或隐匿行动问题；二是委托人无法获知代理人所拥有的关于成本或价值的私人信息，它引发出逆向选择或隐匿信息问题。为此，组织就要设计一个恰当的机制，以解决因信息非对称而带来的委托人实施帕累托最优问题，防止代理人在代理过程中采取策略行为。

在委托—代理理论中，一般将拥有私人信息的参与人称为代理人，不拥有私人信息（处于信息劣势）的参与人称为委托人，其研究的核心问题是“隐蔽行动道德风险模型”。在委托—代理理论下，委托人不能直接观察到代理人选择了何种行动（行为策略），只能观测到代理人的行动所产生的一些效果指标。因此，委托人只能根据观测到的信息，选择对代理人的激励措施，以促使代理人朝着对自己有利的方向行动。

在教学管理中，核心的代理关系是学校教学的管理者作为委托人与教师作为代理人之间的委托—代理关系。就是教学管理者必须设计出一套管理机制，来消除作为代理人的教师在教学过程中的各种违规行为。实际上，存在违规风险的不仅是教师，也包括学校教学管理系统中各个管理层级的教学管理者。这可以从两方面来分析：一方面，作为委托人，在进行教学管理时，必须通过制度安排而使得教师参与教学工作作为自己的最优选择。高校教师的职责有三点，即教学、参与课程建设和学术研究。如果大多数教师都倾向于做出指向集中的单一选择，那么显然是机制本身有问题。另一方面，必须使教师在选择教学作为较优选择的同时，还能够努力地或者以较多的精力来投入到教学工作。当大多数教师都不是以较多的精力投入教学时，那也同样表明机制本身存在问题。然而许多教学管理者在面对教师工作积极性不高时，往往采取对教师素质进行抨击的策略，而不去反思是其在进行管理时没有设计良好的管理机制。

在学校管理中，无论是对于管理者还是被管理者，都面临着同样的激励与约束问题。这就要求在这种委托—代理的关系下，设计出良好的教学管理激励与约束机制，使得激励和风险分担实现最优替代。

（三）管理博弈理论

在现代组织管理理论中，机制问题是现代组织管理的核心问题之一。其机制设计的理论基础主要有两个，即博弈论和委托—代理理论。在对近些年来管理激励与约束机制设计方面的研究进行系统归纳与创新的基础上，在这两个理论的基础上发展出一种新的理论—管理博弈论。它是以博弈论、委托—代理理论为数学基础，以管理学理论为指导，以激励与约束理论为方法论，综合运用各种数学工具、管理手段与方法，进行管理激励与约束机制设计的理论。考虑到作为学校教学管理与企业管理在某些方面的共通性，同时，结合教学及管理的特殊性与其运行的内在规律，也将结合有关教育教学管理研究的最新研究成果。在这里将综合运用以上理论，以此使它们共同成为高职教育教学管理机制设计的理论基础。

博弈论就是系统地研究参与博弈的各方之间的策略、竞争或面对一种局面时的对策选择，从而寻求各博弈方具有充分或者有限理性、能力的条件下，合理的策略选择和合理选择策略时的博弈结果。博弈论认为，参与博弈的各方关于博弈环境和博弈方情况的信息，是影响博弈方选择和博弈结果的重要因素。在博弈中最重要的信息之一是关于得益的信息，即每个博弈方在每种结果（策略组合）下的得益情况，不仅是有关自己得益的信息，还有对方得益的情况。其次是有关博弈过程的信息，即参与博弈的各博弈方是否能够在自身行为之前看到对方的所有行为。如果博弈方在采取行为策略之前完全了解相对的博弈方，则称为该博弈方具有“完全信息”；而不完全了解此前全部博弈过程，则称为该博弈方具有“不完全信息”。在一个动态博弈过程中，各博弈方是否具有完全信息，对博弈方的决策、行为和博弈结果有很大影响。

在博弈论中，还有一个重要的问题，即有关博弈方的理性和能力问题。理性与能力将决定着博弈方的行为逻辑，而博弈方的行为逻辑是判断各博弈方的策略选择和预测相互博弈结果的基础。博弈方的行为逻辑包括两个方面：一是他们决策行为的根本目标；二是他们追求目标的能力。在传统的理论中，理性人假设认为，每一个博弈方都是以个体利益最大化为目标，且有准确的判断与选择能力，也不会“犯错误”。以个体利益最大化为目标被称为“个体理性”，有完善的分析判断能力和不会犯选择行为的错误称为“完全理性”。但是，由于人们通常总是在极其复杂的环境背景下进行行为选择的，因而人们总是很难通过分析找到行为的最优策略。这就是说，完全理性人的假设并不符合人们的实际情况，人的理性实际上是有限理性，即人的选择与判断能力是有缺陷的。博弈论正是在有限理性人的前提下来展开其理论建构的。

从博弈论出发，教学管理的机制设计，就应当要考虑到作为博弈方的被管理者可能会采取的应对之策。一个理性的行动者往往正是通过发现制度本身可能存在的漏洞而使自己的收益最大化，同时使得组织的收益降低到一个可能小的程度。

（四）制度理性选择理论

制度理性选择理论是美国著名的行政学家、政治经济学家奥斯特罗姆在系统理论的基础上，运用公共选择与制度分析理论和方法，在分析公共事物的自主治理问题时而提出的。哈丁的“公地灾难”“囚犯难题”以及奥尔森的“集体行动的逻辑”都说明，个人的理性行动最终导致的结果是集体的非理性。在一个自发的状态下，个体的理性行为则意味着集体的非理性结果。如何解决因个体理性而带来集体的非理性问题成为了很有争议的论题，一些分析家认为应当通过彻底的私有化，另一些分析家则认为应该通过强权的控制。奥斯特罗姆着眼于小规模的公共事物资源问题，在大量的实证案例研究的基础上，开发了自主组织和治理公共事物的制度理论，从而在企业理论和国家理论的基础上进一步发展了集体行动的理论，同时也为面临公共选择的人们开辟了新的路径，为避免公共事物的退化、保护公共事物、可持续地利用公共事物从而增进人类的福利提供了自主治理的制度基础。

制度对人们行为的巨大影响，说明制度理性选择理论作为高职教育教学管理机制设计理论基础有着一定的必要性。高职教育教学管理的核心问题不仅是“什么是值得追求的”以及“应该如何实现所应追求目标”的问题，而更多的是要思考“如何使某些人按照可欲的方式去实现可欲目标”的问题。在确定的教学理念和教学管理理念的引导下，高职教育教学管理者只有进行制度创新，通过教学管理机制的重新设计，才能够使得教师以某种确定的可欲的行为方式比以另一种行为方式开展教学活动更能实现具体的需要满足。

高职教育教学质量的提高是以适当的教学管理制度为基础的。即使保证教学质量的所有物质条件和设施都具备，而教学管理制度不适当，最终的结果也可能完全超出人们的预期。近年来，高校办学经费的持续增长，高校内部教职员工物质条件的不断改善，乃是不争的事实。然而，人们对于高等学校教学质量批评的呼声却越来越高涨，这个现象本身就很能说明教学管理机制在其中所发挥的根本性的作用。无视这一现象的存在，想要提高等教育学质量的努力，都只能是徒劳的。因此，从制度理性选择理论出发，高职教育教学质量的提高，不仅是一个物质基础设施的问题，更是一个制度基础设施的问题。到底建立一个怎样的教学管理制度，运行怎样的教学管理机制，这个问题非常重要，应该受到人们高度的关注。

第三节 高职教育教学管理的运行机制

高职教育教学管理运行机制，是指高等教育系统的运作原理或机理，它是以高等教育体制为载体的，而体制又是由国家权力机关和领导机构制定的。因此，从实践上看，高职教育教学管理运行机制主要受经济、政治体制的制约；而从理论上看，与制定者的高等教育思想观念有着密切的关系。

从新中国成立到20世纪80年代初，我国的高职教育教学管理运行机制主要是受原来单一的计划经济体制的影响，在高等教育体制上形成了一套以集中统一领导为特点的计划模式。其运作原理主要靠计划调节。随着80年代中期“有计划商品经济”理论的提出，这套运行机制的弊端逐渐暴露出来。特别是在党的十四大提出“我国经济体制改革的目标是建立社会主义市场经济体制”之后，改革原有的运行机制，建立适应社会主义市场经济体制的运行机制，就成为高等教育改革的一项主要任务。

社会主义市场经济体制作为一种与计划经济体制有着本质区别的经济制度体系，对我国高等教育的发展提出了新的要求。它要求高等教育体制应从如下五个方面做出改革，来形成合理的运行机制。

一、高等教育领导体制

在市场经济体制下，政府、社会、学校在高等教育运行中都是相对独立的利益主体，并以此为依据，做出相应的职责、权益划分。新的高等教育领导体制的建立，既要有利于加强党对高等教育的领导和政府对高等教育的分级管理，又要保证高校有充分的办学自主权和随着社会经济政治的变化与发展不断做出主动调整的活力。政府对高等教育的领导与管理应通过立法、经费调配等手段进行间接控制，而不宜过多地采用行政手段进行直接控制，以便于高校对复杂多变的市场经济做出迅速、灵活、准确的反应，培养社会所需各种专门人才。

二、高等教育投资体制

我国社会主义市场经济体制中以公有制为主体，多种经济成分并存的特点，要求高等教育的投资体制也做出相应的改变。从办学主体看，高等教育已从单纯的国家包办向国家、社会和个人多种主体办学并存的方向发展。高等学校应成为相对独立的实体，在经费收支等方面享有一定的自主权。

三、教育教学体制

在高等学校的教育教学活动中，与市场经济体制关系最为密切的是高校的专业与课程设置以及与此相应的一系列体制。在计划经济体制下，统一的专业课程设置和与之相应的僵化刻板的体制不利于高校为瞬息万变的市场需求培养多种规格和类型的人才。社会主义市场经济体制的逐步确立，要求高校的教育教学体制向着国家和各级政府宏观调控、学校自主办学、社会积极参与、学生适当自由选择相结合的方向发展，并最终形成高校的新的教学适应机制。

四、高等教育招生、就业体制

过去计划经济条件下那种统一招生、分配的体制已越来越不适应社会主义市场经济的要求。建立和健全高等教育招生和毕业生就业的新的机制，扩大高校在这方面的自主权，实行国家统筹规划、地方因地制宜、学校自主办学、个人自由选择相结合的新的招生、就业体制，有效地实现人才资源的合理配置和流动，将是改革的大方向。政府在这方面的职责将从下达指令性指标向用经济杠杆和有关政策进行宏观调控和引导的方向转变。

五、高等学校内部管理体制

社会主义市场经济体制对高校内部管理体制的要求主要是建立一套高效的内部管理体制，提高办学效益和工作效率。市场经济的竞争性要求高等学校打破计划经济体制下平均主义、吃“大锅饭”的思想，充分发挥各个部门和每个人的作用，合理配置和利用各种资源，建立起“能者上、无能者下”、优胜劣汰，在利益分配上兼顾学校整体利益、部门利益和个人利益的高校内部运行机制，保证高等学校在健康、高效发展的轨道上履行其为社会主义建设服务的职能。

建立合理的高职教育教学管理运行机制的最终目标是要尽可能减少用行政上的种种应急措施来纠正原结构中的各种失调现象，建立起一种主动、高效、灵活、能进行自我调整的相对稳定的体制，并形成其运转的良性循环，从而保证充分发挥高校培养全面发展的高级专门人才、进行有效的科学研究活动和为社会经济、政治、文化发展服务等各项职能。管理运行机制的建成不可能一蹴而就，它需要一定的时间，需要从理论和实践两个方面不断探讨和总结，从而不断完善和趋向合理。

第三章 素质教育背景下高职教育教学质量的监控管理研究

教学质量是教学工作满足学生综合素质全面提高需要的程度，是教育质量的一个关键部分。在一定意义上，教学质量近似于教育质量或人才培养质量。教学管理的效果如何，很大程度上取决于对教学信息的掌握是否全面与准确。只有全面、准确地了解教学信息，才能及时调整管理方向与策略，使教学管理顺利进行。因此，教学管理应对教学过程中的关键处也就是教学质量进行监控，以保证教学管理者能够获得较为完全的个体活动信息。

第一节 高职教育教学质量监控机制概述

教学管理离不开监控，这个道理似乎没有必要予以过多的讨论。真正的问题是，在建立起有效的教学运行机制和激励机制的同时，建立教学监控机制，这样的监控机制该如何发挥作用，以及在怎样的条件下教学监控机制能够发挥最佳的效应。为此，有必要认识和理解教学监控及存在的问题。

一、高职教育教学质量监控机制的概念

对于教学质量监控机制的理解，应该从三个方面入手，即教学质量、教学质量监控以及教学质量监控机制。

（一）教学质量

1．教学质量的内涵

“教学质量”是一个公认的难以界定的多维复合的概念，一般认为它是一个由多种质量构成的质量集。目前，我国对教学质量的看法有很大不同，但是都强调以下四点：

（1）掌握知识与发展能力相统一。要求学生既要较好地掌握专业知识，也要形成实践能力，学会学习、学会生存、学会发展。

（2）促进学生全面发展，科学素养与人文素养、智力因素与非智力因素相统一。

（3）使每个学生都在原有基础上得到发展。教育就是要充分挖掘学生潜能，发展学生的特长与天赋，让每个学生都得到发展。

（4）服务社会，受到社会、用人单位的欢迎。一所学校能否得到社会的认可，主要在于其培养的学生是否得到社会、用人单位的认可。

在国外，也有很多对教学质量的论述，如瑞典教育家胡森（Husen T.）就曾对教育质量做了一个比较经典的论述。他认为，教育质量是“教育的产品，而不是指生产出这些产品的资源和过程”，是“指学校里进行某些教育活动的目标达到什么程度”。这种关于教育质量的论述包括两方面的含义：其一是与教育活动有关的质量主要体现在活动的最终结果或最终载体——“产品”（学生）上；其二是与教育活动有关的质量是指目标的实现程度，即某种“标准”，是“希望达到的目的或目标”。这种对教育质量的诠释，突出点在于对教育活动结果的关注。其不足之处在于对教学工作过程中质量的忽略。因为教学质量应当既表现为教育产品的质量，也表现为教育工作过程的质量，而且教学工作过程质量是教育产品质量的根本保证。教学结果的质量可以通过诸如考核以及所培养出来的人才在实践中的表现来加以衡量，而教学工作过程质量的保证，就离不开教学监控。

由上述内容可见，教学质量可以视为一系列具体的教学活动过程的产物。它既体现在教学工作过程质量上，也体现在学生的思想道德、科学文化知识、身体心理等方面的变化程度上。而“只有提高等教育学工作质量，才能提高等教育学的‘产品’——学生的质量。因此，教学质量管理是贯穿于从招生至毕业分配到工作岗位的整个教育过程，每个教学过程和环节的工作质量都影响学生的培养质量”。从这个意义上讲，“教学质量监控”就是通过用某种“预期状况或水平”作标准，对教学工作过程进行监督和控制，以保证教学工作质量，从而实现教学活动的“产品”质量——学生知识、能力和素质的发展。

2．教学质量的影响因素

教学质量受高职教育教学活动中多种因素的影响，是高校各项工作的综合反映，贯穿专业设置、教学计划与教学大纲制定、教学组织与实施、教学效果测评等整个教学活动过程中，涉及教师、管理、教辅等各类人员以及师资队伍建设、教材建设、实验建设、实习基地建设等各项工作。因此，教学质量的管理也应从这些影响因素出发，以这些因素的具体质量来制定明确的标准与要求，对教学质量进行监控。

（二）教学质量监控

1．教学质量监控的内涵

监控就其本质而言，是以个体与社会的可能冲突与对立为其前提的，其目的在于使个体的行为符合社会群体的要求。它涉及三个方面的管理活动，即确立标准、搜集信息和纠正偏差。其管理的重点在于使出现偏差的行为恢复常态。

监控的含义包括两个方面：一是监督；二是控制。所谓监督，就是使行为主体处于被观察状态，从而获得与行为主体有关的信息，其目的在于保持或维持主体的某种行为状态。所谓控制，就是建立在监督的基础上纠正偏差的行为，即通过不断的信息反馈与必要的强制性措施，而使行为主体偏离目标的行为得以纠正，其目的在于引导系统主体的行为呈现某种预期状态，或改变行为主体的行为状态。

由此可以认为，教学质量监控就是为保证和提高等教育学质量而对教学过程实施的一种管理活动。

2．教学质量监控的本质

教学质量监控的本质就是通过某种科学的方式，搜集与教学活动有关的信息，通过一定途径和方式将所获得的教学信息加以反馈，并依据反馈信息对教学工作加以矫正，而使其教学主体行为满足组织期望。这种教学信息的搜集与反馈活动，实质上是根据教学质量标准，通过必要的制度和方法，把教学全过程中影响教学质量的有关因素尽可能地监控起来，建立具有全面质量的工作体系。它以教育目的或培养目标为标准来衡量实际的教学活动与预定目的或目标的偏差，从而有针对性地采取措施，以确保预期目的或目标的实现。

（三）教学质量监控机制

1．教学质量监控机制的内涵

机制是指系统内部各因素之间以及与系统运行密切相关的其他外部因素之间的相互关系和相互作用的工作方式。它的核心内容就是制度与制度之间的关系。从前面我们了解的教学质量和教学质量监控的相关理论中，可以得出，教学质量监控机制就是通过信息的获得与反馈，对教学系统内部结构的关系加以安排，实现教学管理系统内部自动化的操作，即当教学个体的某种非预期的教学行为达到某种状态时，自动激活某一因素并对其加以调节，使其不至于超过某种临界状态。因其核心与关键是信息的收集与反馈，因此教学质量监控机制也可以称为教学信息搜集与反馈机制。

2. 教学质量监控机制的设计与建立的作用

教学质量监控的目标指向教学质量。为了保证教学质量的高标准，教学管理者应该对教学个体所有的教学行为进行监控。但实际上对教学行为进行全程、全方位监控是不可能的，也是没必要的。这种不可能性源于教师教学行为本身所具有的特点，以及全程监控所带来的较高的管理成本。因此，教学质量监控机制的设计与建立就是为了解决这些问题，也只有教学质量监控机制才能解决这些问题。

教学质量监控关注的焦点与核心问题是谁监控谁的问题。教学质量监控机制关注的核心问题是通过哪些途径和办法使得行为主体承担起监控责任来，才能实现有效的教学质量监控的问题。教学质量监控机制的目标是建立学校全面质量管理体制并实行全面教学质量管理，形成学校在教学质量上的自我约束、自我激励、自我发展的机制，增强学校主动适应环境变化的能力，促使学校教学活动满足社会和学生的基本需要，不断改进和提高学校人才培养活动的质量。

二、高职教育教学质量监控机制的形式

实际经验显示，在不同的时期不同的政治、经济体制背景下，高等学校的教学质量监控机制的侧重点也有所不同，但人们通常以下五种形式来对高职教育教学质量进行监控。

（一）行政监控机制

行政监控机制着眼于政府主管部门对高等院校的管理关系，其核心强调主管部门对高等院校的命令、指挥、监督和控制。由于高等教育是由国家投资的一项公益性事业，为了保证教育经费的合理使用和满足公众日益扩张的对高等教育的需求，无论在何种情况下，政府都要通过各

种形式对高等院校的教学质量实施监督、控制与约束。随着时代与社会的发展，行政机制也发生了很多变化。取消了传统行政监控机制的权力集中、层级节制以及行政指挥，现代的行政监控机制是以管理主义为基础，突出分权、自主权和“学术为本”，强调通过评估、经济、法律等手段实施监控。

（二）社会监控机制

社会监控机制运用社会力量对高等院校的教学质量实施监督和控制。能够发挥监督与控制作用的社会力量包括对高等院校教学实施评估的社会中介组织，由社区、大众传媒等所营造成的社会舆论等。社会舆论的监督与控制在于通过对高等院校教学质量所存在的问题进行揭示，促使高等院校改进教学工作，从而提高等教育学质量。社会监控机制对高职教育教学监控的核心是媒体舆论的监督与警示。媒体是监督和控制的强大的力量。这种力量大大超出了高校所能控制的范围，因而其监控效果并不劣于政府的监控。

（三）法律监控机制

法律监控机制即国家通过制定反映国家教育意志的、并通过国家强制力来保证实施的各种规定，对高等院校的教学质量加以规范和约束。法律监控机制是国家意志在高职教育教学管理工作上的体现。高职教育教学必须执行国家的法律规定和相关要求。近代以来，高等教育的迅猛发展，使得法律机制在对高等院校教学质量的监督与约束中起着越来越重要的作用。

（四）市场监控机制

市场监控机制作为一种观念，正渗透于高等教育领域。它强调在高等教育领域引入市场机制和竞争逻辑，要求政府放松对高等院校的干预和管制，打破垄断，引入竞争，迫使高等院校通过提高自组织的能力等教育学质量，从而在竞争中获得优势地位。

（五）自律监控机制

对于高职教育教学管理工作来说，上述四种监控机制都是外在的。不管高校是否愿意，总要或多或少地受到这些外在机制的影响和制约。而相对于外在的监控机制，高校内部也有一种监控机制，那就是自律监控机制。自律监控机制即高等院校组织内部的监控机制，它依靠一定的上、下级关系，或者依靠有限资源配置方面的权力，强制性地使教学行为主体履行其教学职责。它所突出的表现是在教学运行过程中和教学运行一定时期后，对教学工作施加反馈性信息，促使其对教学工作和教学管理工作加以改进。

三、高职教育教学质量监控机制的功能

（一）教学管理功能

任何监控在管理上都具有两种相互不可替代的作用，即表层作用和深层作用。表层作用是约束行为主体依法活动以实现效率，目的在于“避免违规，避免不当行为”，其重心是使被监控者服从和遵守教育主管部门所制定的政策、法律法规和规章；深层作用体现在促使行为主体道德意识的形成。而教学管理的一个重要内容，就是防止教学违规行为的出现。

通过教学监控，教学者在外部条件的约束下，就会形成良好的教学习惯，不会出现教学违规行为。而这种良好的教学习惯正是教学者作为教学主体的道德意识形成的前提和条件。因此，教学管理中，应该注意人的责任心、事业心和道德感对其行动的激发作用，也就是要发挥教学监控的约束和管理作用。

一般来说，教学监控具有以下三个方面的管理作用。

1. 筛选和纯化队伍的作用

对于那些缺乏自律、拒绝按照法规和规章行事的教学者，教学监控力量的运用可能意味着把他们淘汰出局，使得他们无法继续违规行为或不当行为。然而要想发挥教学监控的纯化队伍功能，学校还必须建立一套严格执行的制约机制。教学监控在这里只是起到信息收集的作用，它的筛选和纯化队伍方面的功能在一定意义上说是辅助性的。

2. 防范作用

防范作用的发挥主要在于教学监控使教学违规者被发现和惩罚的概率增加。教学监控过程中的不断警示、规劝和及时补救也会产生一种持续性的约束力量，从而防止小的失误发展为严重的过失。高职教育教学中确实存在各种不同的教学违规现象，如上课迟到早退、不认真批阅学生的作业，等等。因此，只有教学监控机制的存在，才会使教学违规现象得到控制。

3. 激励功能

教学监控的激励功能，源之于通过监控能够将有着良好的教学绩效的教师突现出来。同时基于任何个体都期望在他人面前表现出自己的优秀一面的心理特点，教学监控无疑会激发起教学者的责任心。通过教学监控，教师会因此受到来自教学管理部门的绩效评价，并使得教学绩效得以公开化。

（二）质量保证功能

教学质量监控机制的最重要的作用在于保证高职教育教学质量。它主要体现在以下三个方面。

1. 它是完成教学计划的重要保证

教学质量监控是实现教学计划的手段，没有教学质量监控，教学计划就不能顺利实现。这是因为，只有通过监控者的监督与控制，才能保证实际展开的行动与预期的行动方案保持一致。而在实际的行动中，行动者也要不时地进行自我监控和自我调节，以确保行动与计划一致。这在组织的行动中同样如此。其区别在于，在只关涉个体的行动中，行动者和监控者是同一个主体；而在组织行动中，行动者和监控者是不同的主体。对于个体来说，自我监控是以对时间的分配为主导的；而在组织行动中，监控则是以对组织成员的分工为条件的。

2. 它是实现教学目标的根本措施

教学目标是教学活动的预期结果，是教学管理者和教学实施者的行动指南。而在教学活动中个体也有自己的目标。为了防止个体的目标对教学目标的冲击，需要在教学过程中实施有效的监控。

在计划的实际执行过程中会出现一些难以预料的情况，造成实际工作与计划工作的偏差。它包括两种偏差，即工作偏差和计划偏差。监控就具有调整和纠正这两种偏差的职能。通过教学监控对偏差实施的纠正，可以是随时的，也可以是阶段性的。

3. 它是提高等教育学水平的有效手段

教学偏差的出现是基于教学规范的要求而做出的判断，而教学水平的提高则是以教学的科学与艺术为判断标准的。教学质量监控中的控制，是对实际教学活动和教学管理活动的反馈所做出的反应。这种反应不仅有助于教学管理工作的改进，还有助于教师教学工作的改进。

（三）行为监控功能

有效监控是运行教学质量监控机制的核心和关键。这使得教学质量管理者无论是在理论上还是实践中，都面临着一个难题，即一方面，要对教学质量实施监控；另一方面，在教学质量监控的实施上又会面临着很多困难。实际上，教学质量监控机制的设计，无论如何都需要解决监控问题。因此，在技术层面上对“监控”进行可操作的分析是非常有必要的。我们可以从如下两方面进行分析。

1．对关键行为的监控

教学监控的基本特点是必须与个体教学行为打交道。而个体教学行为具有难以描述、理解和控制的特征。一是教学行为的不连贯性，即教学个体在单位教学时间内，可能会出现不同的教学行为。二是每个教学个体的教学行为都有其主流特色，可以把这种具有主流特色的行为称为关键行为。教学关键行为不仅体现主流特色，更表现为它对教学质量影响的意义与价值。为了保证教学关键行为不偏离主流特色，或者为了使偏离主流特色的教学行为得以修正，对教学中的关键行为进行鉴定，乃是建立教学质量监控机制的基础与前提。教学质量监控实际上是对监控关键的教学行为是否发生，发生的频率是否达到教学规范所提出的基本要求，从而尽可能释放教学个体所占有的私有教学信息。

2．行为考察法

从统计学的角度看，教学管理者实际上是运用统计学的原理对教学的关键行为进行监控的，这主要体现在三个步骤上：一是将教学个体的整个教学行为作为研究的主体，并从中选取有代表性的教学关键行为作为样本；二是通过对样本教学行为的描述与分析，推断出教学个体的教学行为的总体特征和教学状态；三是将推断出的每一个教学个体的教学行为特征和状态作为总体，从而推断出一所学校教学质量的状态。那么为了保证这种推断的准确性和有效性，需要对有代表性的关键教学行为进行科学的抽样，这是建立有效教学质量监控机制的根本保证。

教学质量监控过程中的抽样可以有多种方法。最为常见的方法有以下三种：

（1）时间抽样，如期中教学检查。

（2）教学关键事件抽样，如对教案的检查。

（3）教学活动空间抽样，如挑选一个教室进去听课。

在教学质量监控活动中，抽样只是其表现出来的突出特征，这其中可能是将各个维度的抽样集于一体。

基于上述分析，着眼于教学质量的监控机制应当贯穿于教学的全过程。由此可见，教学质量监控机制应当包括教学准备活动的监控、教学实施过程的监控和教学结果的监控。需要注意的是，不管是对教学过程中哪个阶段实施监控，从教学管理的角度看，其最终目的在于建立有利于提高等教育学质量的内部动态平衡关系。大体而言，对教学进行监控，可以从过程和结果两方面对教学行为进行考察。对教学行为进行考察，需要获得对教学行为进行分析的框架和范畴。这种分析框架和范畴将成为确定教学行为考察方式的依据。

第二节 高职教育教学质量监控的维度与影响因素分析

一、高职教育教学质量监控机制的维度分析

（一）从不同维度分析高职教育教学质量监控机制的意义

从不同的维度来分析教学质量监控机制的意义包括两个层面：

（1）理论上的意义在于确定监控过程中的各种内部关系、界限以及教学系统的内部结构，发现其中的制约因素。

（2）实践上的意义在于制定能够反映各种关系与结构的制度规范，以及在执行制度规范过程中各种非制度性因素如何影响或干扰教学质量监控机制的有效运行。

（二）高职教育教学质量监控的不同维度分析

1．教学质量监控系统

（1）监控系统的构成及其构成要素。

高职教育教学管理除了增强教学质量管理意识、对教学质量进行管理外，还要有一套教学质量监控系统作为保证。监控活动就是监控主体对受监控客体的一种能动作用。作为一种作用，监控至少要有作用者与被作用者以及作用的传递者三个因素。三个部分组成一个整体，相对于环境而言具有监控功能，这就是监控系统。

高职教育教学质量监控活动是通过教学组织的监控系统来完成的。教学质量监控系统主要包括以下四个构成要素。

①教学质量监控的目标。

教学质量监控的目标是指进行教学质量监控活动的目的取向。建立教学监控机制并进而对教学实施监控活动，必须明确教学监控的目的所在。在制定教学监控目的时，要防止偏离教学本身的监控目的。

②监控主体。

监控主体即发挥监控这种作用的作用者，从狭义上讲，它主要指各级教学管理者及其所属的各职能部门；从广义上讲，它还包括被监控者对监控者的反向监控。一般来说，主要的监控主体是教学管理部门及教学管理者，其中也包括教学监督团及其成员。从层次上看，它可以分为学校教学监控主体、院系教学监控主体和教师教学监控主体。

③教学质量监控对象。

教学质量监控的对象主要是教学主体的行为，包括整个高职教育教学工作，既包括教学行为，也包括教学管理行为。所有与教学有关的行为都应当在监控的范围之内。教学监控对象应当包括直接的教学行为、教学管理行为以及间接的教学支撑性行为。此外，教学监控对象还包括学生的学习行为。

④教学质量监控方法和手段。

这是指为达到有效的监控所采用的各种科学方法和手段。

教学监控的上述四个要素，彼此之间具有相互制约的关系。教学管理者采取何种监控手段和方法，既取决于教学监控的目的，也取决于教学监控的对象和监控者的身份与角色。因此，有关教学监控机制的建立，就必须科学地考虑监控必然要涉及的四个要素之间的关系。

（2）教学质量监控的层级结构。

教学质量监控，是发生在教学系统内部的管理活动。对高职教育教学监控系统的经验观察表明，高职教育教学监控系统是由教学管理系统、教学实施系统和教学接受系统三部分组成的。其中，教务处及其职能科室、院系及其教学办公室构成教学管理系统。教研室、教师个体、实验室、图书馆等构成教学实施系统。班级、学生及其他受教育者等构成教学接受系统。从学校教学管理层面来看，教务处为教学管理单位，而院（系）为教学实施单位，参与教学实施活动的个体包括分管校长、教务处处长、各科室管理人员、教学副院长（系主任）、教学办公室秘书、教师、学生及教室、实验室的管理人员等，这使得教学系统成为学校最为复杂和最为重要的系统。

2. 教学质量监控关系

按管理层次分，教学系统可以分为学校教学管理层次、院系教学管理层次、教学实施层次和教学接受层次。这里的教学质量监控表现为以下四种关系。

（1）主管部门及学校教学领导层对教学行政管理层的监控关系。

在这一层监控关系上，高校主管部门通过各种渠道，如教学评估、教学检查、教学调研、教学工作总结、各种来信来访等，对高校的教学实施监控。学校教学领导借助教学工作的检查与布置、教学工作会议、教学委员会、教学巡视组、期中期末教学检查、教务处和院系的教学工作总结与汇报、学生信箱等，对教学行政管理工作实施监控。

（2）学校教学管理层次与院系教学管理层次的监控关系。

该层监控关系直接表现为高校教务处、教学指导委员会、教学督导组（学校教学巡视委员会）与院系教学管理的关系。它侧重于对全校教学计划的落实、有关教学规章制度的执行、教学基本建设、教学改革、学风建设、教学研究、院系教学管理等方面的监督与控制。

从学校的主体地位上看，任何一所高等院校，其教学工作的开展都必须符合国家的有关规定，为此它也同样要求院系的教学活动必须符合学校的教学规定。也就是说，这一层教学质量监控关系所表现的还有国家的高等教育教学要求与学校教学方面要求的关系以及学校办学要求与院系办学要求之间的关系。

（3）院系教学管理层与教学实施层的监控关系。

这个层次的监控关系，是在更为微观的层次上，对教学实施者所实施的教学活动的监控。教学是学校常规性的中心工作，培养社会所需要的高级专门人才，是学校教学工作的出发点和归宿。国家有关教学工作的各种规定与要求、学校有关教学工作的规定与要求，都最终体现在教学人员的教学实施活动之中。教学质量的好坏、学校培养目标能否实现，都取决于教学活动质量水平的高低。

（4）教学接受层次对教学管理层次和教学实施层次进行监控

在这个层次上，教学质量监控主要是通过教学信息员、学生的教学评估分析、学期教学工作检查中学生对教学工作的座谈会等方式进行的。这里的监控不仅是学生对教学活动的监控，更有对教学管理活动的监控。

教学接受层次对教学管理层及教学实施的监控，能够为教学管理提供了真实而大量的教学信息。同时这种教学信息的获得较之其他监控，具有成本低的优点。另外，通过教学接受层次的监控，也能够有效地保证与体现作为教育服务对象——学生的利益与要求。然而这种监控同样也有缺陷，学生的偏好可能会影响其提供信息的真实性。

3．高职教育教学质量监控规范

前面四种监控关系，体现出了社会、学校、教师和学生四种不同的利益诉求。从任何一方面来看，四种监控关系就是指四个关系主体在学校教学活动这样一种特殊的实践中的交往行为，它们体现出了学校内部特定的交往结构。那么，基于监控关系而形成的学校内部的监控结构，需要有一个规范的制度化的东西对其加以确立。这就是教学质量监控规范。

（1）监控结构与关系的规范要求。

就监控这个概念的严格意义来讲，教学质量监控规范应该涉及两方面的问题：一方面是如何保证监控行为的真实发生；另一方面是如何衡量与评价已经发生的监控行为。就第一方面而言，学校需要确立有关教学质量监控的制度；就第二方面而言，在较为复杂的监控交往中，前面四种监控主体中的后三类的实际活动，都有一个规范严格的衡量标准或准则，这就是教学质量监控的指标体系。在宏观的意义上，它是国家根据社会的普遍利益而提出的教学制度。在微观的意义上，它是以国家宏观的教学管理制度为基础的，以学校的办学条件和培养目标而确定的教学管理制度。

（2）教学质量监控的指标体系。

教学质量监控的指标体系，是将被监控对象在思维上由一般发展到具体的思维过程，即对“教学”加以分解与具体化的结果。从教学环节这个角度看，教学质量可分解为课程设计质量、论文教学质量、实验教学质量、课堂教学质量、实习教学质量、教材编写与选用质量六个方面。相应地，教学质量监控的指标体系与评估标准可以有以下六个：

①课程设计教学质量评估指标体系与评估标准；

②毕业生论文（设计）教学质量评估指标体系与评估标准；

③实验室教学质量评估指标体系与评估标准；

④实习教学质量评估指标体系与评估标准；

⑤教师课堂教学质量评估指标体系与评估标准；

⑥教材编写与选用质量评估指标体系与评估标准。

（3）教学质量监控的具体制度。

教学质量监控的具体制度是指对监控行为本身的约束与规范。所谓约束与规范，就是对教学质量监控做什么与不做什么的要求。从理论上讲，它的核心就是设定标准的监控行为或行为模式，以保证所收集到的教学信息的真实性与可靠性。

从行动的角度看，教学质量监控制度可分为听课制度、教学检查制度、教学巡视制度和教学信息反馈制度。就听课的主体来讲，听课制度又可分为专家听课制度、领导听课制度和教师听课制度。

从学校教学质量监控的实际出发，有关监控制度可分为：专家听课制度、领导听课制度、教学检查制度、学生评教制度、教学信息反馈制度、教学巡视制度和教师听课制度。

4．高职教育教学质量监控机制的限度与张力

（1）限度。

把握教学质量监控机制限度，就是把握教学质量监控机制有效运行的适用范围。教学质量监控机制的有效运行受到以下四个限度的制约。

①教学质量监控机制有效运行的依赖性。

监控在于维持与改变行动的状态。但是单纯的监控并不足以实现其目标。其内在原因在于人的行为的维持或改变需要有一定的动力或压力。人的行为的动力或压力来自于外在因素对其利益的影响。这些利益包括个体在群体中的地位、期望满足、成就期待、物质利益及各种内在报酬等。而教学质量监控机制仅着眼于有关教学实际活动的信息或行动状态。因此，要实现监控的目标，就需要其他管理机制之间的联动，特别是激励机制与竞争机制的联动与配合。

②教学质量监控机制在一定条件下失灵的可能性。

在特定的情况下，教学质量监控机制会失去人们在设计它时所期望的效应。这种情况就是监控者与被监控者之间的"合谋"或"故意为难"被监控者。合谋即教学质量监控者与被监控者在某种利益的驱动下，共同呈报虚假的教学信息，通常是合乎学校教学规范要求的信息，而在这种情况下教学质量监控将流于形式。"故意为难"则是教学质量监控者违反教学质量监控的要求与程序，将无关紧要且不合要求的教学信息予以呈报，教学质量监控者不是抓住主流，而是纠缠于细节。"故意为难"将使教学质量监控成为整人的手段，其不良后果是引发教学管理者与被管理者的紧张关系。这种紧张关系又会反过来影响教学诸多方面的管理效率与管理质量，危害甚大。因此，教学质量监控者的素质就成为监控机制有效运行的第二个限度。要实现教学质量监控机制的有效运行，就要思考和解决谁来监控监控者的问题。这既是监控机制存在的限度，也是设计教学质量监控机制必须考虑的问题。

③教学质量监控机制本身设计的指向性问题。

从教学质量监控机制设计的理念上看，有两种不同的监控机制：一种是工作中心或任务中心、充满等级性与单向性的监控机制，也就是传统的教学管理中的监控机制的设计理念，教学主体成为被管理的客体，人受到了不应有的忽视。它的直接后果是引发教学管理者与被管理者的对立与紧张；另一种是人本的、具有平等性与多向性的监控机制，也就是现代教学管理中的人本理念，所有参与教学活动的人员都既是教学质量监控的对象，也是教学质量监控的主体。其结果就是促进教学系统内部形成提高等教育学质量的动态平衡关系。

④教学质量监控的时间延迟问题。

时间延迟是监控系统普遍存在的现象。从测量信息、传递信息、找出偏差、采取纠正措施到使系统恢复预定状态，这一过程中的每一个环节都需要时间，这些时间加在一起就构成了系统的时间延迟。时间延迟现象对教学管理的监控影响是很大的。它所指明的是，仅仅用系统输出信息的反馈，并把这一输出与既定目标之间的偏差作为监控手段是不足的。要使监控有效，就必须采取一种面向未来的监控方法。

（2）张力。

监控行为的目的性特征，使得在监控者与被监控者之间必然会出现某种程度的紧张与冲突。在以创造性的精神劳动的高校教师群体中，这种紧张与冲突较之其他一般劳动可能表现得更为明显与突出。这种紧张与冲突既表现在管理层次之中，也表现在管理者与教师之间，在一定情况下也表现在教师与学生之间。

在通常情况下，教学质量监控的紧张关系是以某种舒缓的形式表现出来的，譬如牢骚、轻度的报怨、消极的抵触等。而在一定的诱因作用下，这种紧张关系也可能以某种更为激烈的形式表现出来。教学质量监控机制所产生的张力对教学管理以及教学质量监控都是具有破坏性的。虽然就高职教育教学管理的实际情况而言，这种极端的情形较少出现，但不能认为某种程度的紧张关系可以忽略。

一般情况下，教学质量监控者与被监控者都会意识到这种紧张关系的存在，因而发展出一种能够让彼此都能摆脱这种紧张关系的行动策略。

①教学管理监控者的行动策略。

监控者的行动策略一般是通过“例行公事”“按章办事”等制度化的媒介，而努力使自己成为组织的代言人，尽可能地淡化个人的认知特征、个性特征和情感特征。通常的策略是：“根据会议精神或几号文件精神或某管理规定等”，这种语言上的套话实际上具有强烈的实践理性和实践智慧特征。

②教学管理被监控者的行动策略。

被监控者在监控者“例行公事”“按章办事”的暗示之下，通过有意识地满足学校教学管理的规定，避免与监控者产生直接对抗与冲突。它实际上是有意识地突出被监控的关键行为。

教学质量监控机制内在的张力，使得教学管理者在设计教学质量监控机制时，有一个如何让机制本身消解张力而不是让监控关系主体通过发展某种行动策略而消解张力的问题。这个问题的解决重要的是让教学组织内部的所有成员都既是监控者又是被监控者，使其成为相互制约的对立统一体。

二、高职教育教学质量监控机制的影响因素分析

教学监控涉及的诸多的因素及矛盾关系需要加以考虑。它们影响着高职教育教学质量监控机制作用的有效发挥，其中包括管理成本、监控不完全、集体活动等因素。

（一）管理成本

教学质量监控是一个有关谁对谁进行监控以保证教学质量的管理问题。教学质量管理的难题之一在于教学信息的不完全性。教师劳动的个别性与隔离性，使得教学信息成为难以为他人所知的私有信息。但也不能绝对地说教学信息是完全的私有信息。教学个体的部分行为是直接指向学生的。因而，教学信息在一定意义上应该为学生所了解。但是个

人主观意识以及受教育者在特定学科领域的“无知”，将使得学生对教师教学信息了解不完整、不全面，而且即使学生全面了解了教学信息，也需要通过一定的渠道传递到教学管理者手中才具有教学管理的意义。因此，为了实现教学目标，保证教学质量，对教学进行监控，以获得完备、全面、确定、真实的教学信息，就成为教学管理者的一项重要管理活动。但是，信息的获取并不是无偿的，它需要付出一定的代价，诸如时间、精力、经费、人情等。获取教学信息也一样，也就是说，监控要有成本。

教学监控所需要的成本是多方面的。除了物质方面的成本投入外，还有心理方面的成本。当教师在教学的各个环节面临着来自高职教育教学管理者方方面面的监控时，教师不可避免地会产生心理上的反感，以及由此而带来的对于教学监控的厌恶。心理上的反感与教师追求教学安全需要的实现有关。对于任何一个人来说，一方面的损失是要通过另一方面的所得而予以补偿的。因此，可以肯定，教学监控所带来的心理上的成本，对于教学的影响虽然是无形的，却也绝不仅仅是积极的，在许多情况下，它更多的是消极的影响。

减少监控成本是设计教学质量监控机制的一个重要的因素。教学质量监控既可以看作是对教学管理系统或个体教学信息的收集，也可以看作是对教学行为的考察。即使是对教学行为的考察也是要付出代价的。从理论上讲，有时完全可以考察行为者的活动，但在实际上考虑到成本很大而不值得监控。不论是借助媒介系统实施监控还是借助人力系统实施监控，都需要付出成本。这意味着实施教学质量监控，有一个效用最大化的问题。

（二）监控不完全

高等院校的教学管理监控机制存在着监控不完全的现象，而出于不同的原因，高等院校教学管理者必须将若干项性质不同的教学任务分派给教学系统内部的不同成员。在这种情况下，若将高等院校作为考察对象，那么主要承担协调、组织、计划、控制、激励任务的教学管理者就是委托人，承担教学任务的教师就是代理人，学生则是由委托人和代理人共同提供教育服务的消费者。

（1）高等院校教学管理者，必须向学生提供高质量的教育服务。这是高校在招收学生时所要做出的承诺，尽管这种承诺与一般的消费承诺有很大的差异，但是高校必须尽其最大的努力，来保证学生进校后能够学得好。而高质量的教育服务的内核则是教学质量。

（1）高等院校的教学管理者并不能够直接向学生提供教学服务，而必须由教学人员来实现这一目标。要实现向学生提供教学服务的目标，在理论上有两个不可忽视的前提：

①尽管高等院校作为事业共同体，其成员有着更多的道德追求和事业追求，但并不能由此推断，作为代理人的教师群体有着与学校教学组织目标相一致的共同目标。

②在委托人和代理人之间存在着信息不对称的问题，即承担教学任务的教学人员具有很多教学管理人员无法获知的私人信息，这在教学工作系统中表现得尤为突出。

不对称信息的存在，使得作为委托人的高职教育教学管理者所获得的有关教学信息通常是不完备的。目标不一致和信息不完备，就会给高职教育教学管理者带来很多管理上的问题。

（三）集体活动

经济学的研究表明，无论是以权力为本位的政府组织，或是以利益为本位的企业组织，还是以事业为本位的第三部门组织，个体在群体活动中都会存在种种规避责任、“搭便车”、寻租、道德风险等有利于私人利益但不利于公共利益的行为。也就是说，人作为理性的经济人，总要以最小的投入来获取最大化的效用。为了保证集体的公共利益，必须对个体行为加以约束。

对于人在集体活动中的规避责任、“搭便车”等行为，奥尔森从经济学的角度做了最为精辟的分析。他认为，在一个集团范围内，集团收益是每一个成员都能共同且均等地分享的，而不管这些成员是否为之付出了成本。集团收益的公共性质促使集团的每个成员想“搭便车”而坐享其成。所以，在严格坚持经济学关于人及其行为的假定条件下，经济人或理性人都不会为集团的共同利益采取行动。奥尔森得出结论：“实际上，除非一个集团中人数很少，或者存在强制或其他某些特殊手段以使个人按照他们的共同利益行事，有理性的、寻求自我利益的个人不会采取行动以实现他们共同的或集团的利益。”尽管奥尔森所说的“集团”是指一种很宽泛意义上有共同利益的群体，而不是指有着共同奋斗目标、组织规范和严密的组织机构的集体组织即管理学意义上所讲的“社会组织”，但社会组织中的个体与组织的关系同样可以视作奥尔森所描述的特例，因而奥尔森的结论对社会组织也同样适用。经验的观察可以验证在一个单位内部“搭便车”的现象。一名教师不认真上课，如果没有收集备齐上课的信息机制，他同样可以获得按学校制度而安排的给予其他所有教师的利益。因此，为了防止“搭便车”现象的出现，教学质量监控必不可少。

第三节 高职教育教学质量管理机制

建立运行的理论基础学校教学实施过程中的监控活动是通过教学组织的监控系统来完成的。教学质量监控系统内部有机的内在联系与关系，构成了教学监控的运行机制。教学质量监控机制的建立与运行必须以一定的理论为基础，并按照一定的原则与指导思想进行，其作用才能得以有效地发挥。

一、教学质量监控机制建立与运行的原则

要想使教学管理监控工作能够有效地进行，在建立教学管理监控机制和进行教学管理监控时，必须遵循如下六点基本的原则。

（一）要保证教学目标实现

教学质量监控的目的是保证完成教学任务。其任务就是发现偏离于计划目标的误差，并采取有效措施纠正偏差，从而确保教学计划与教学目标的实现。因此，教学质量监控不是对教学人员的监控，而是对教学行为以及教学管理行为的监控。

（二）要对关键点实施监控

影响教学效率与教学质量的主要因素可以从大量的复合因素中析解出来。这些析解出来的影响教学质量与教学任务完成的主要因素则可以称为关键点。因此，所谓对关键点实施监控，就是在建立教学质量监控机制时，抓住那些影响教学工作效率与质量的关键因素，并将注意力集中于这些关键因素上。

（三）保持监控组织的系统性与适宜性

该条原则可以从如下两个方面进行分析。

（1）教学质量监控机制的建立，既要求具有完备的、特定的组织系统，包括制定一套完备的指导性文件、明确的责权要求、相应的管理制度，还要求校内外各有关部门及其人员的广泛参与，因此应建立有关教学质量监控的各种小组、委员会及跨部门的工作小组，包括引进其他学校、用人单位、行政部门的专家及有关社区资源等，来协助开展质量监控活动。

（2）教学质量监控必须反映教学组织结构的类型。在设计教学质量监控机制时，教学组织结构运行图是必不可少的工具。这里的主要任务是教学质量监控系统的建立。所设计的教学管理监控系统应尽可能地符合教学组织机构中的职务和职责的要求，以有利于纠正偏离计划的误差。

（四）保持监控的适用性与预防性

教学质量监控机制，要求随着环境的变迁、战略目标的转移、教育成效的变化经常性地做出相应的自我调整；要求基于每所学校自己独特的环境和办学特色、战略目标定位与功能定位，构建具有适用性的监控机制。

此外，教学质量监控机制，还要求以预防为基本原则，强调“预防为主，防检结合”，对一切可能影响教学质量的因素预先做出详细的控制安排，从而使教学质量管理获得最大的效益。

（五）正式监控与非正式监控相结合

正式监控是指通过正式的监控系统的运作来实施的监控。正式系统是通过组织正式的结构或层次来正式运行的。非正式的监控系统是通过正式监控系统以外的途径来实施的监控。非正式教学质量监控系统往往是伴随着正式的监控系统出现的。

现在人们逐步认识到除正式的监控系统之外，非正式的监控系统也正发挥着重要的作用。因此，在对教学实施监控时，应当将正式监控系统与非正式监控系统紧密地结合起来，将非正式监系统作为正式监控系统的重要补充。

（六）强调例外的原则

管理学理论与管理实践都在昭示着这样一个道理：管理的成败在很

大程度上不完全取决于关键点，而是受制于少数、特殊情况、不受重视的细节。教学质量监控的例外原则就是在注意那些关键点时，还需要特别将注意力集中在对关键点的例外情况的监控上。而在实际实施教学质量监控的过程中，例外原则必须与控制关键点原则相结合。既要突出重点，又要强调例外。

二、教学质量监控机制建立与运行的指导思想

（一）解决管理层与被管理者之间的信任与合作问题

教学质量监控，从其作为教学管理活动的意图而言，是以教学管理者对所有参与各个教学环节的人员的“不信任”为出发点的。然而，学校作为共同体，其存在的目标之一，是谋取集体利益的最大化。要实现这样的目标，条件之一就是共同体成员之间的合作。而合作则是以“信任”为前提的，不信任则会破坏合作，从而阻碍学校组织目标的实现。根据博弈理论，个体追求自己利益的最大化，同时人与人之间又不存在信任或者合作精神时，最终的结果可能对所有人都不理想，即从个体利益出发的行为不但不能实现团体的最大利益，而且最终也不一定能真正实现个体自身的最大利益。由此所导致的一个逻辑上的结论是：期望实现教学管理目标的监控活动，反而最终有损教学管理目标的实现。因此，教学质量监控机制的建立，在指导思想上必须解决由“监控”带来的心理环境问题，即解决管理层与被管理者之间的互相不信任或不合作问题。

（二）设立相应强制性制度安排监控者与被监控者的合作

不管怎样，现代社会还是普遍存在着各种形式、各种内容的合作行为。人们之所以能够在隐含的不信任的环境下开展合作，并非人们道德觉悟水平的提高，也并非人们职业良知的发现，而是现代社会普遍设立的强有力的制度。“一个拥有内部合作的成功组织需要一个制度来保证合作的可重复性和特定性。制度是任何一个组织之所以具有强大力量的

原因，而成功的制度必须是一个公正的制度，只有公正的制度才能形成巨大的力量。”由此来看，由监控而引发的“不信任”，需要通过强制性的制度来安排，从而促成人们之间的合作。在制度性安排下，学校参与教学活动的所有人员之间的合作，不是愿意不愿意的问题，而是非合作不可的事，即使彼此之间存在着不信任，也非合作不可。

（三）解决如何使监控者与被监控者合作得更好的问题

从心理学的角度来看，通过制度性的安排迫使人们从事他所不愿意的活动，往往会导致效率不高的局面，从而影响教学管理目标实现的程度。因此，即使通过制度性安排解决了是否合作的问题，教学质量监控机制的设计还必须解决如何合作得更好的问题。

（四）共享教学质量监控权

“个性化是指人要和自己以外的自然界相对立（突出个人）。然而个性化恰恰造成了一种孤立状态，这种孤立状态人们是难以忍受的，然而却是需要的，以便独立地发展，个性化造成的这种变化成为一种负担，它既强调了个人的渺小，又强调了突出了个人。”这段论述表明，在社会生活中，个人既需要表现自己，显现出自己个性化的一面；又离不开群体，以摆脱孤立的状态。”这就是美国管理学大师彼得斯（Peters，Thomas J）所说的人的两重性。基于人的“两重性”，解决因监控而带来的心理环境问题，需要在设计教学质量监控机制时，给予被监控者突出自己、展现、个性化、适当行使权力的机会。这种机会来自于教学质量监控权的分享，即使教学质量监控成为全员参与的教学管理活动，使单向的教学质量监控成为多向的、互动的教学质量监控。

第四篇　素质教育背景下高职教育教学管理制度体系的建构

第一章 素质教育背景下高职教育教学管理制度体系建构的原则

在素质教育背景下，作为制度建设指导思想和有效制度得以形成的纲领性要求，高职教学管理制度体系建构的原则，对高职教育教学管理制度的建立、发展与不断完善发挥着至关重要的指导和规范作用。因此，制度体系建构原则的提炼尤为关键，具体到高职教育教学管理制度而言，其制定原则的确定只能是依据制度的本质内涵，依据基本的教育教学规律，同时结合高职教学的实际需求提炼而成。

第一节 人本原则

“以人为本”是对“以物为中心”的管理理念的突破，从根本上实现了管理重心的转移。它更为关注组织成员合理需求的满足以及组织成员本质力量的激发，促使所有的组织成员从灵魂深处体现出对“人之为人”的无限尊重。作为组织的高职的最鲜明的特征就在于它是育人的场所，高职管理尤其是教育教学管理的对象主要是人而不是物，因而管理的成败也就取决于管理制度以及对制度的实际执行中是否做到了以教师为本、以学生为本，是否体现了对以教师和学生为主体的人的尊重，是否充分调动和激发了教师教学与学生学习的自觉性、主动性和积极性，是否积极创造条件最大限度地满足了教师教学和学生学习的物质需求和精神需求。

因此，作为高职教育教学管理制度的制定者和执行者的学校行政人员切不可简单地将教师和学生作为被管理者，仅仅通过制度手段强制教师被动地“教”和学生被动地“学”，以实现教学管理制度的目标追求。而应真诚地将教师和学生吸纳进制度规范的制定过程，给予教师和学生真正意义上的制度制定的有效参与，实现由教师和学生主动参与的民主管理，建立和改善学校领导、管理人员与教师和学生之间的民主平等关系。

第二节 规范原则

规范是制度的基本属性，它常以成文规则的形式予以表达，也就是说，规则即为规范的表现形式。组织理论中有关规则的一个最古老的观念认为，“制定规则的目的是提高团队效率，这种团队被认为是具有共同目标的个体集合”。而现实生活中，尽管大多数人行动的目的是基于对某种规则的服从，但同时也总会有人做出与规则指向相反的行动，由此，规则的制定便为人的适当性行为的选择施加了认知和规范的限制，从而有利于提高人的组织行为的规范水平。事实上，“许多现代组织的有效性都要归功于它们能以创造性方法创建和实施组织章程，这些方法反映了组织所积累的经验教训，指导行为并使组织承诺得以象征化。在许多场合，成文规则以一种高度有计划和有意识的方式得到遵从。在其他场合，对组织规则的遵守以不太引人瞩目的方式发生着，因为在这里，规则已经被内化，已经成为行动的无意识前提，或者已经被纳入到牢固确立和广泛实践的惯例和程序中。还有一些场合，规则作为组织意识形态的体现而得到颂扬和支持，尽管它们在根本上很难执行”。因此，高职教育教学管理制度体系的建构有赖于规范原则的支撑。

美国社会学家艾茨奥尼曾根据组织为使其成员服从并参与组织而采取的控制手段的不同，将社会组织区分为三种基本的类型，即强制性组织、功利性组织和规范性组织。这三种类型的组织各自侧重于运用某种手段以控制其成员的行为。其中，强制性组织主张通过物理性的强制手段，如关押、隔离、体罚和训斥等以迫使其成员就范；功利性组织强调通过工资等经济利益手段引导组织成员的行为；规范性组织主要强调通过精神性力量，如规范的约束、道德的反省等以激发其成员的热情。具体到教师来说，大学组织兼具规范性与功利性组织的特点；具体到学生来说，大学组织是规范性与强制性兼而有之的组织。所以，大学组织的基本特点就在于主要运用精神性手段激发大学组织中以教师和学生为主体的团队热情以及最大限度地提高团队效率，按照一定的教学规范规范团队所有成员的行为，促使团队成员形成遵守规范的自觉意识以及在各自不同的行动中做出符合教学规范的适应性选择。

第三节 稳定原则

稳定原则意在强调制度一经形成应保持一个合理的存续期，使制度的效用能在制度的持续施行中得以体现；反之，制度的不稳定将失去制度制定与存在的意义。

事实上，制度的存在、维系与实施有赖于制度社会化的形式转换，即所有的社会成员都毫无例外地生活在一定的制度环境中，正是人们通过学习、观察、接受教导以及参加实际的工作体验等方式，才逐步认识到在某种情境中什么样的行为才符合某种特定身份的需要，因此，相对稳定的制度便成为人们尤其是新的社会成员赖以学习并由此形成某种行为规范的“蓝本”。而且，由于制度创建了人的行为规范的适当性标准，在具体制度的执行过程中，便可凭这种适当性标准有效规避或平衡组织中的任一个体所做的后果计算的倾向，使人的个体利益与组织的团体利益的关系文明化，使个体理性的“机会主义”的行为选择受到限制。同时，制度作为一种建立在合法性基础之上、能够在较大范围内得到人们的普遍认同和遵守的规范或规则，在制度被实际执行的过程中，便会因对制度的遵从而获益使人更加倾向于遵守制度，以致使制度完全内化为自己不自觉或无意识的行为习惯和方式，即制度的这种自我强化机制，决定了制度本身天然所具有的稳定性功能。

具体到高职教育教学管理制度来说，由于高职教育教学本身所具有的规律性和规范性以及教学效果显示的缓慢性和滞后性，决定了高职教育教学管理表现为一个相对完整、规范和持续的过程，决定了高职教育教学管理制度所规定的各种教学规范要保持一定的稳定性或不变性；反之，失去了稳定性，就很有可能导致教学的无秩序性、教学发展的无规律性以及教学质量持续提高的不可预期性。而要实现高职教育教学管理制度的稳定性，首先就要切实保证教学管理制度的质量，保证教学管理制度所具有的规范性和对实际工作指导的针对性。这就要求，首先，要规范制度的制定程序，了解真实的教学情况，全面、客观、系统地把握教学和教学管理存在的各种问题，真正制定出符合教学规律、符合校情而又具有针对性和可操作性的教学管理制度，真正为广大的教师和学生所认同和接受；其次，要建立对制度制定、实施、监控和反馈的科学认识，充分体现制度规范存在的价值和有效实施的意义，不断增强制度执行的自觉性和主动性。

第四节 效率原则

强调运用制度手段规范组织发展及成员行为，努力实现组织预期目标是马克斯•韦伯科层制理论的重要内容，即运用制度手段努力追求组织效率的提高，以尽可能少的投入获得尽可能多的回报。高职作为职业性组织有着自身的独特性，比如，强调职业本位、主张职业自由等，但同时又具有科层组织的一些属性，比如，在高职内部存在着专业划分、制度规范等。具体到当下高职的实然状况而言，随着高等教育大众化阶段的到来，高职的在校生规模急剧扩张，与之相适应，高职的组织规模也变得异常庞大，因此对教学管理制度效率、效益的关注和重视也就成为必然。

任何制度都应是有效率的制度，制度效率的高低，在一定程度上决定了制度价值的大小。但具体到高职教育教学管理制度而言，尽管教学管理制度在保障教学运行和提高等教育学质量等方面发挥了无可替代的重要作用，但教学管理制度缺乏效率甚至不表现出效率的现象也客观存在，究其原因，一方面，制度的有效供给不足，主要表现为教学管理的某些制度性规范要么失之于抽象，要么过于精细和数量化，都不便于实际操作。而正是“因为可操作性学术规范的建立严重滞后，对违规行为无章可循，即使出现了明显的越轨行为，不仅当事人没有认识到其行为后果的严重性，就是相关部门对此行为的处理也不知所措，通常以行政处罚代替越轨行为在学术范围内应给予的制裁”。这样，越轨行为没有得到及时有效的制止也就不足为奇了。再者，教学管理制度对优良教学行为的奖励和对违规教学行为的处罚失之于过强的物化，即主要采用经济手段以具体量化的形式给予奖励或处罚，而忘记了高职教育教学属于知识性和精神性的生产活动。因为无论是教师还是学生，他们绝不仅仅需要获得物质上的满足，事实上他们更为关注的是一种精神上的体验，是一种事业获得成功的心理愉悦或工作遭遇挫折和失败的心理压抑。所以肯定性评价和精神性鼓励或正面的引导、教育甚或是批评，理应比单一的物质性奖励或处罚更为有效。另一方面，制度有效供给的过剩也导致了制度效率的低下，即制度的有效供给远远超出了对制度实际需求的程度，显然，这种并不为教学管理工作所需要的制度，自然难以产生制度的效率和效益。

此外，制度成本的大小也关乎制度效率的高低。因为，就高职教学管理制度的制定、修改而言，总是需要投入一定的成本，需要花费一定的时间、精力和财力，而从经济实用的原则出发，这种成本的投入，势必要获得一定的回报，因为只有这样才可反映出制度实际体现出的效率。反之，如果花费一定代价制定出来的制度过于烦琐，并不能真正满足教学管理的实际需要，甚至会由此引发被管理者的逆反心理，那就违背了制度制定的初衷。所以，正如上文所述有效制度供给的过剩一样，高职教育教学管理制度的制定应本着“少而精”的原则，而不是制度制定得越多越好，制度制定多少的关键或判断标准取决于制度规范对实际教学和管理效用的大小。

第五节 发展原则

激进的衍生理论认为，第一，是规则培育了规则，比如，韦伯的许多论点都在于言明是科层化的过程培育了它自身的机制；第二，当新规则被创建出来以统一和制度化现有的规则和法规时，又是为了迎合通常对法律的“明晰性”和“条理性”感兴趣的科层官僚的利益，第二种反馈机制就产生了；第三，规则的目的引发了第三种反馈机制，即规则的引入是为了解决问题，并且遇到新问题需要有新规则。而所有这些正向反馈机制都可能导致规则数目呈指数增长。温和的衍生理论则认为，组织以持续而稳定的速度培育规则，确切地说，这种速度快于规则废止的速度。这意在表明组织群间存在一种简单的扩散过程（如信仰的改变）以及随后在受“感染”的组织内稳定的规则创生过程，其结果也将是规则数量持续、线性增长。更温和的衍生理论甚至还认为，组织以一种下降的速度培育新规则，即早期的规则创造了主要的回报，而后期的规则创造了较少的回报。只要这种规则为正，规则就可能继续积累，但速度会越来越慢；或者随着规则解决问题成就的不断增加，相应地便消减了问题机会。尤其是在环境相对稳定的情况下，这种内在的管理组织问题的缩减导致组织规则产生速度下降。总之，衍生理论的核心观点就在于组织的所有规则无论其培育的速度是快、是慢还是下降，其规则总是在发展和变化中。这样说并不意味着无视或否认规则的稳定性，因为“当前的规则并不能被认为是对当前环境的简单反应。随着时间的推移，规则通过一系列的经验而得以演变，并且理解存在于任何时间点上的规则群都需要密切关注它们发展的历史，特别是存在于那段历史中的惯性力量”。

同样的道理，制度可理解为衍生理论所说的规则，即尽管制度表现为一定的稳定性，但制度总归是历史的、发展的，制度的发展性、变化性与制度的稳定性并存而又相互转化，始终处在对立统一的矛盾斗争中。因此，稳定是高职教育教学管理制度体系建构的一项基本原则，但它并不否定制度的演进和完善，高职教育教学管理制度的稳定和发展既相互支撑又相互促进，并且其中的任何一项制度都是在发展中走向完善，又是在发展和完善中走向稳定。

发展是制度逐渐走向更为完善的过程。随着高职校内外制度环境的变化，教学管理制度必须因时而动，否则将导致制度建设的滞后，无法有效指导、规范实际的教学活动。发展还是制度体系的不断创新，并在创新中促使制度更加趋于完善，即当一项教学管理制度与实际教学管理之间出现不适应的时候，就需要及时采取措施，对原有制度做出调整。具体而言，这种调整包括制度的修订、废止和重建等。

第二章 素质教育背景下完善高职教育教学管理制度的策略

高等学校教育教学管理制度的改革是一项系统的工程，围绕素质教育和创新教育对教学管理提出的新要求，吸收借鉴国外的先进经验，整体优化教学管理系统，推动教学管理思想、方式和制度的改革，摒弃过去那种刚性过强、柔性不足，强调共性过多、注意个性发展不够，建立具有中国特色和反映各高职实际的教学管理制度。最大限度地发挥和调动教师和学生教与学的主动性和积极性，切实提高管理水平、教学质量和办学效益。

第一节 教学管理理念的重塑

制度革新离不开指导其创立新制度的新思想和新观念。一种新制度的确立总是在一种新的理念和观念中产生，新的教学管理制度也是如此。因此，对高职教育教学管理体制进行改革，首先要以观念转变为先导。1992 年以来，政府已逐渐明确了“体制改革是关键，教学改革是核心，教育思想和观念的改革是先导”的高等教育改革思路。教学管理思想的变革是教学管理制度改革的基础，树立教学管理现代化的理念，就是指教学管理思想的现代化，分析起来它包括以下四种要素。

一、树立“以人为本”的现代教学管理理念

贯彻“以人为本”的思想必须牢牢把握尊重人、爱护人、培养人、

依靠人、发展人和为了人这一根本，其科学内涵是指现代科学管理必须以人为核心，做好人的工作，不断提高人的综合素质，充分调动人的积极性为目的，才能提高管理功效，实现预定目标。

转变教育观念，树立以人为本、以学生为主体的人才培养观是高校实施素质教育，进行教学管理制度创新的前提条件。《中华人民共和国高等教育法》第三十一条规定："高等学校应当以培养人才为中心。"素质教育下新的教学管理模式产生的根本原因和教育理念，就是以培养人的能力素质为目标，尊重个体，充分挖掘学生的个人潜能，从学生的全面发展出发，促进和激发学生的创造性。以人为本是学校教学管理的重要原则，教学的主体是教师和学生，因此，从根本上说，教学管理的"以人为本"，就是以教师和学生为本，为教师和学生服务。必须改变那种不从教学出发，不从教师和学生出发，而单纯从管理出发的陈旧观念，应当树立以教学为中心、从教师和学生的需要出发的现代管理思想观念。

以人为本的现代管理更注重心理管理，注重情感投入，以营造良好的教学管理氛围。因为"任何人都不可能真正被别人激励起来……。人们应当在能够培植自我激励、自我评价、充满自信的气氛中工作。"外部的激发是必要的，但其作用是有限的。只有当人的情感等内在心理因素被充分唤醒，人的地位得到了尊重、人的价值得到了充分实现时，他的各种潜能才会像火山一样喷发出来。理解和尊重、真诚与合作、民主与平等的人际关系，完满的服务、衷心的表扬，最终可能更具激励作用。因此，在高职教育教学管理过程中，必须充分考虑全体教学人员的工作和心理特点，努力创造出一个和谐融洽的，适宜于他们从事管理、教学工作与学习的，并能充分展现其才华和发挥其创造能力的环境氛围，力求使每一个教学人员的需求得到满足，获取完成教书育人工作的动力；实现"人尽其才、各尽其能"的目标；重视人才的科学选拔，优化组合，合理安排，奖励、激励工作，有利于他们自觉主动地参与到教学管理活动中，这是实现高职教育教学管理改革的基础和重要保证。为此，要实施以下三个方面的策略。

一是教学管理组织的中心下移。各学院、系、部、研究中心要成为教学管理的实体性组织，充分调动学科带头人、教学骨干、科研人员的积极性和创造性，真正实现学校工作以行政为中心转向以教学为中心，转向以从事教学、科研第一线的教师为主体。教师是教学工作的直接实施者，是教学取得实效的根本保证，他们的主体意识越强烈，其事业心、责任心就越强烈，教学的效果才会越好。要真正调动教师的积极性，必须在教学管理中明确规定教师的权利和义务，建立相应的组织保证，在高职教育教学管理改革的“二级管理”中发挥教师的主体作用，组织重心下移，构建“以人为本”的教学管理组织机构。

二是重视和强化教学管理组织的自我监督职能。长期以来，由于政府部门、教育行政部门过分监控，学校内部的自我监督不到位，因而形成学校内外监督的失衡。这样，就导致学校的一些行政领导眼光向上，迎合上级部门，同时也容易滋生校内的一些官僚主义思想，影响教学工作，使学校的教学管理迷失方向。在素质教育的背景下，学校建立和完善教学管理制度，需要建立民主审议制度和民主监督制，学生成为实施教学监控权利的主体，他们作为受教育者，有权对教师教学的全过程进行评价，并对学校的教学管理提出合理化的建议。

三是“以人为本”需要激励的方式。“以人为本”的核心是使人性得到最完善的发展，教学管理组织如何使广大教职工积极向上、精神饱满地投入工作，使学生热爱学习、自觉主动地学习，需要物质激励和精神激励。正确运用这些激励方式，能够调动人的积极性，确保人在管理体制中的核心地位，同时注重培养人的使命感、成就感和荣誉感，使人在工作和学习中发挥主人翁精神，这种激励方式对我们研究教学管理中的“以人为本”也是十分重要的。

二、刚柔相济教学管理理念

柔性管理是相对于刚性管理而言的。泰罗的科学管理是典型的刚性管理。所谓刚性管理，就是在教学管理过程中强化权威、指令、硬性指标，常使用规定性、惩戒的手段进行管理，是根据成文的规章制度依靠组织职权进行的程式化管理，是“以规章制度为本”的管理。所谓柔性管理，是在管理过程中强化感情投入、精神感召，注重使用指导、民主、共同参与、协调、激励、创新的管理手段，是依据组织的共同的价值观和文化、精神氛围进行的人格化管理。柔性管理是新型管理模式，是社会管理化、民主化的必然要求。在高职教育教学管理中，管理对象一方面是有知识、有学问的教师，一方面是生理和心理尚未成熟的青年学生，因此，在素质教育背景下的教学管理上不只采用刚性的管理手段，更多的是使用柔性管理的管理模式，这样才会起到更好的效果。

三、竞争与合作相结合的管理理念

在高职，最突出的竞争莫过于教学水平与人才培养的竞争。但是，知识创新不仅需要竞争，也需要合作。在教学管理中，不同系统间的竞争需要用合作来提高实力，同样，不断激励相互间的协作是提高竞争力的重要的元素。对于教学工作的管理，一方面要靠竞争来提高等教育学水平；另一方面要强化教师与教师间、教学与学生间、学生与学生间、管理人员与被管理人员间的合作意识。有了合作，才会有交流，才会取长补短，才会提高竞争力。在竞争的过程中发现问题和不足，通过合作来弥补、来解决，也有利于教学管理水平的提高。

四、权利集中到民主管理的管理理念

伴随着社会的信息化和科技化，管理中的人际关系包括管理者与被管理者，领导与下属逐渐形成资源契约化共享的伙伴关系，沟通与协商成为必要，民主化管理显得越来越重要。在高等院校，教学管理越来越具有战略性，其肩负的责任十分重大，管理者和被管理者的关系密切地联系到一起，进行民主化的管理日益得到人们的共识。原来上令下行的方式逐渐被共同参与、相互协调、上下协调所代替。新型的管理者应该树立民主化的管理理念，使用民主化的管理手段，这样才能有助于学校安定团结，促进教学人员参与民主管理的积极性，形成良好的自觉管理意识，促进教学科研工作的发展。同时民主管理也可以保证法规具有更高的权威，学校的民主的气氛比较好，人们对法规就更尊重，法规就能更好实现，“软性”条件好，“刚性”的东西越有效。在依法维护民主管理的时候，实际上也有力地维护了法规管理。在教学内容、方法和手段等问题的讨论中必须贯彻学术自由、学术民主的原则，成立优秀教师组成的教学指导委员会，作为教学咨询机构。教学的民主管理增强教师的责任感和群体意识，充分发挥教与学双方的主动性、积极性与创造性，促使期由被管理对象转变为管理主体。

总之，教学管理理念的塑造是关系到教学管理制度变革的重要方面，是实施各项具体措施的思想指导。树立教学管理理念，要本着有利于提高高职素质教育实施的原动力；有利于提高高职持续创新的能力；有利于提高高职促进社会进步与发展的引导力；有利于调动广大教职工的积极性；有利于高职内部资源的优化组合的“五个有利于”为基础，要有破釜沉舟的勇气和高瞻远瞩的眼光，为高职教育教学管理制度的完善和改革走好第一步。

第二节 教学管理组织的重构

传统的高职教育教学管理组织结构是金字塔形的结构，是一种垂直的自上而下的科层制组织结构形式（等级模式）。“等级权力控制型”组织是以等级为基础、以权力为特征、对上级负责的垂直型的纵向线性系统”，“强调组织结构中位于结构顶端的管理者责任与权力”，强调以“制度+控制”使人“更勤奋地工作”，来达到管理目标。在这个方面，教育机构很有代表性，正如泰罗指出：“在学校，权威的正规而合法的分配是等级和集中的，管理的权力集中在顶端。……”等级权力控制的最终结果是使人们循规蹈矩、墨守成规，不利于创新精神的培养。素质教育要求对传统的教育管理体制进行改革创新，并为这一改革创新提供了条件。

一、协作是教学管理组织的基础

教学管理组织是一个复杂的系统，它具有多目标、多层次和组织活动开展的多序列性。教学管理组织中倡导团结协作共处的集体精神，在教学管理的组织构建中，应首先以协作为基础。特别强调：

（1）学校领导层成员之间的协作。从普遍意义上讲，我国高职一般实行的是校长负责制，副校长作为校长的助手，实行分工管理。由于主管各部门的副校长，长期任职于某一职能部门，考虑问题是往往会从本部门利益出发，站在本部门的立场，自成系统。在这样的领导机制下，产生的局面就是：主管教学的副校长容易站在教学的立场，在学校利益分配时努力为教师争取利益；主管学生工作的副校长在处理问题时，就会从学生的角度出发；主管后勤的副校长同样会为后勤职工考虑。在这样的学校内部形成各部门利益团体，如果某一方面的权利或利益过大，就容易造成学校政策的不平衡，导致内部不团结并产生内耗。因此，作为学校领导层成员，必须在团结、协作的前提下分工负责。

（2）教学操作层成员间的协作。各院、系、教研室是实施教学管理的具体执行者。过去我国高职的办学规模较小、专业设置单一、综合类学科较少，单一学科的教学由各专业教研室负责安排，教研室对本系、部负责，系、部对学校负责。但是随着我国高职教学改革的不断深入，高职的专业设置发生了很大变化，各学科之间交叉呈现，教师的综合业务素质不断提高。面对高职素质实施的新形势，高职教育教学管理就应进一步强调各成员间的协作，并根据学校的规模、师资力量、生源、教师的学历层次等因素而有所侧重。

二、以学习型组织为教学管理组织的目标

学习型组织是20世纪90年代以来，在管理理论与实践中发展起来一种全新的被认为是21世纪管理模式的理念，是当前最前沿的管理理论之一。学习型组织的最终目的不是建立一个僵化的组织，而是在于确立学习的观念，讲求持续的学习、转化与改变，使组织成员在工作中活出生命的意义，不断突破自己能力的上限。英国学者南思沃思（SOUTH WORTH）于1994年发表的名为《学习型学校》（*The Learning School*）的论文指出，学习型学校具备下列特征：重视学生的学习活动；教师应不断学习；鼓励教师和其他同事合作或相互学习；学校是学习系统的组织；学校领导者是学习的领导者。彼得·圣吉是学习型组织理论的集大成者，他将学习型组织概括为“能够设法使各阶层人员全心投入，并有能力不断学习的组织”。学习型组织是指通过营造弥漫于整个组织的学习气氛、充分发挥员工的创造性思维能力而建立起来的一种有机的、高度柔性的、扁平的、符合人性的、能持续发展的组织。这种组织具有可持续学习的能力，并具有高于个人绩效总和的综合绩效。学习型组织不同于传统组织的“金字塔”式的结构，具有扁平化、柔性化、网络化和

开放性等明显特征，使管理具有很高的应变性、可靠性和有效性。

在学校的教育活动中，更能体现出学习的意义的价值，无论是教师的教还是学生的学，都是以学习为前提。在今天这样一个以知识的生产、配置、消费为基础的社会里，在素质教育实施中教师自身的继续教育与持续学习显得越来越重要，教师“学会教学”，学生“学会学习”，才能适应未来社会才人才发展的要求。

高职学习型组织的构建要求学校中所有成员超越自我，不仅要面对现实而且要面对未来。学校整个组织的学习意愿应建立在每个员工意愿的基础上，组织要充分考虑到个人成长对组织成功的价值，积极创设鼓励个人发展的组织环境，学校中的成员要能够不断改变自己的心智模式。每个人都有习惯的定势，这是多年积累的结果，并形成一定的心理枷锁。学校管理者要不断从局部或静态方式向互动关系与动态变化的思考方式引导、转化。学校成员之间还要充分表现自己的意愿和想法，每个人都以开放的心灵纳入。此外，学校组织内部还应定期或不定期地组织教师进行团体学习，通过团体学习有助于教师间进行交流。通过观察和学习有助于教师形成共同的价值观，促进竞争，并将教师的学习目标和学校的组织发展有机结合起来。在教学管理中教师真正成为学习者和研究者。知识经济时代，至关重要的是知识不断创新，教育与知识创新有着密切的联系，教育成为社会关注的焦点，面临着深刻的历史性变革，素质教育背景下这种变化体现在教师身上，就是教师不仅要传授知识，而且要探讨育人的规律，反思自身的教育实践，向学者型、研究型、专家型的教师发展。教师是教育改革的动力与主体，不是教育改革的对象和别的成果的消费者，只有教师从事教学和教学管理研究，才能使教学管理组织取得实效和成果，实现教学改革全面推进素质教育。

三、建立网络化的结构体系

组织内纵横交错的沟通网络使新的知识在组织内迅速传播，这意味着知识的共享、组织行为的养成和自我规范。知识的获得与经验的交流将促进网络化层级组织不断创新，并推广新的行为准则和行为方式。网络化层级结构中，管理中枢不是直接利用权力去分配和协调下属单位的活动，而是通过组织信息和知识的收集、处理和传播，借助网络化管理，充分提高管理效率和管理效益。管理组织从命令链到网络化是未来组织结构的重要特征，信息技术、网络技术的发展，互联网的出现，网络组织的兴起，网络教育教学的实现对现实组织的等级、等级体系、等级管理形式形成巨大的冲击，社会组织方式面临新的革命，并呈现突出特征，特别是随着网络技术和媒体技术在学校教学中的广泛应用，对教学管理组织的影响变得更加突出。查尔斯•萨维奇认为，从工业时代的泰勒、法约尔的严格等级制到知识经济时代的网络管理方式发生以下变化：“从命令链到网络化；从命令和控制到集中和协调；从职位权威到知识权威；从序列活动到同步活动；从纵向交流到横向交流；体现在价值观上，则从不信任和服从到信任和诚实。”

（1）教学管理组织网络化，能缩短教学与其他组织的时空距离，使教学管理更加开放。现代组织理论认为，学校是社会系统的一部分，学校与社会环境之间相互影响，学校随着社会环境变化的不断调整，以保持学校与社会的平衡。教学管理组织是学校自身系统中的一个子系统，其目标、价值、机构、技术与管理是组成自身系统的各部分，它们相互依赖、相互影响，形成一种内部各要素的复杂联系，交错组成的系统同样需要保持内外高度的适应关系，组织网络化有效地推进了教学管理组织开放性这一趋势，加速学校与社会联系，及时了解国内外教改动态，吸收和借鉴专家、名师的教学方法，开展模拟和虚拟的教学实验，强化民主管理，使参考式、启发式教学真正成为可能，极大地调动学生学习的积极性。

（2）教学管理组织网络化，减少了教学管理层次，扩大了教学管理组织和信息资源，提高了管理效率。网络组织与现行组织的质的区别在于：知识经济时代的教学管理网络组织更加广泛和迅捷；计算机和网络已逐步成为教学发展的基础设施；高职教育教学管理组织中存在越来越多跨职能团体，如考核小组、评聘小组、教学质量分析小组等。这些小团队的成员在网络时代可以跨校择优灵活地组织，并发挥良好的管理优势。另外，过去的教学管理组织机构相对于网络化的管理，信息资源缺乏，社会化程度不高，教学手段单一，专家学者的智慧很难得到普遍发挥，社会各界的参谋咨询作用没有得到充分的运用。管理组织网络化可以使信息快速转化，能使组织对内外界的干扰保持高度的弹性，适应所处环境的变化，教学管理组织将变得更加敏捷，增强迅速利用资源的能力。网络化组建了现代教育技术中心，引进和开发了现代的教学管理手段，如计算机排课系统、选课系统、教学质量管理系统、教学状况监控网络系统、成绩管理系统、考试管理系统、学籍管理系统、教学评价系统等，并通过修订和完善各类教学管理制度使教学管理的网络化推动了素质教育实施。

（3）资源管理组织网络化促进自主型组织结构的形成。自主型组织是指学校组织无论在何种条件下，都能根据学校目标去调整自己的行为，使学校组织具有自我激励、自我约束、自我发挥、自我发展和自我调控的功能。网络化组织正是适应时代的要求，促进管理方式的优化，也促进管理思想的转变，强调被管理者的积极性，强调社会多元化，要求管理思想从客体管理转向主体管理，表现在具体管理教学过程中，就是由知识和劳动技能的培养转向提高劳动者的素质，培养学生形成新的教育理念，学会认知，学会做事，学会共同生活，学会生存，充分发挥自己的潜能，成为21世纪学习社会的主人。

第三节 教学管理体制的完善

改革开放以来，以优化资源配置、理顺内部关系、提高工作效率为目的的高职内部管理体制改革始终作为高职体制改革的一条主线。从最初实施教师工作量制，到教师职务聘任制，从20世纪80年代中期开始的学院制改革，到随后围绕高职领导体制而进行的机构设置调整，直到90年代初期各校开展综合改革。这些改革触及了我国高职内部管理体制的痼疾，使得高职长期存在的习惯动作模式更加显示出落后性和不适应性，同时随着改革的不断深化，也增强了广大教育员工的心理承受力和参与改革的积极性，为改革创造有利条件尤其是广泛思想基础，使改革取得了明显的成效。然而，无论是从适应社会深刻变化发展的形势还是高职自身发展的需要审视，高职管理体制改革的目标远没有完成，改革的历程并没有结束，教学管理的体制还要进一步改革与完善。

一、建立可持续发展的有效运行机制

改革的实践证明，建立可持续发展的有效的运行机制是教学管理体制改革的中心环节。各校致力于建立以编制管理为要素的学校自我约束、自我调控机制，以全员聘用合同制为主要内容的竞争上岗机制，以“效率优先、兼顾公平”为原则的绩效挂钩，以激励进取、体现贡献为手段的分配激励机制，以教职工“能上能下、能进能出”为方向的人员合理流动机制。学生要建立灵活、富有激励的学籍运行机制，将规定性和灵活性相互统一，强化目标管理。

二、重视人才资源的优化配置

合理利用校内人才资源充分挖掘办学能力，是教学管理改革的重要内容。重视资源的优化配置和科学管理，首先是通过人事分配制度改革，充分激活校内人力资源；其次是通过对物质资源的成本核算以及打破部门所有，充分提高利用率；最后是通过重奖和提成以及科技人员可以按专利、知识产权、技术等生产要素参考分配等措施，促进科技成果的转化工作，以充分利用高职自身的知识和科技资源。

三、发扬民主，权力重心下移

随着教学管理体制改革的全面展开以及改革进程的推进，分配制度、用人制度、领导决策制度、组织机构的调整等各项改革最后必然归结到高职内部权力结构的调整。所谓权力结构，即权力在管理的各阶层和高职内部各不同利益群体间的分配，以及它们相互的作用关系。

从高职内部横向权力结构审视。首先，必须扩大高职学术民主管理的权力，使教师拥有治学权和参与决策的权力是改革的方向。这是高校学术活动的内在逻辑决定的。当前我国高职的学术行政管理几乎代替学术民主管理，广大教师置身事外，缺乏对学校目标任务的认同感，降低了学校凝聚力和活力，亦即降低了学校生产力。其次，决策权和执行权的适当分离，这样便出现两种现象：一种是教授参与管理，就非要具体兼任某一行政职务;；另一种是各校在学院制改革过程中，理论上系作为教学科研的组织机构，不承担行政管理事务，而系主任却认为没有权，反而不乐意担任这一角色。教师参政应主要体现在参与决策与监督权，而不是要具体担任某一行政职务。因此，高职必须建立和完善自身的决策机构、咨询审议机构和监督机构，并赋予应有的实在职能，广泛发挥教师民主参与管理和监督的权力。管理者从过去的“大包大揽”转变为加强引导和服务，大力提倡师生参与管理。这并非削弱管理者的权力，而是建立教师、学生和管理人员三方的权力制衡关系，以促进教学管理更加良性和高效运行。教、学、管三方的权力制衡具有目的共同、手段互助、交往平等等特征。学生要多一些谦虚、理智和建设性，管理者和教师要多一些理解、宽容和支持合作。最后，权力必须适当分散，使权力在更多的不同利益群体间分配。当代世界大学决策机构组成人员普通出现多元化趋势。我国大多普通高校决策机构既没有充分吸收广大教师、教授也没有吸收校外各界人士，缺乏普遍代表性。我们可以借鉴美国大学的董事会、英国和法国大学的理事会、日本筑波大学的评议会，吸收了不同利益群体参与高职决策，体现高职教育教学管理民主化的特征。实行教学民主管理与决策科学化应注意以下三点：一是建立直属校长领导的各种教学决策的咨询机构；二是在决策过程中注意公众参与，通过教学咨询机构来联系广大师生，充分反映教师的意见和要求，并对学校教改、质量检查、评估、师资培养与提高等起咨询、参谋作用；三是注重上下双边协调关系，对教育思想、教学内容和教学方法上的争论，只能用讨论的方法、民主的方法去解决，切勿用简单的行政命令手段去解决，并创造活跃的民主气氛，允许教师中有不同的学派，鼓励教师形成自己的教学风格，形成一个“百家争鸣”的局面。

从我国高职纵向权力结构审视，多数学校通过改革已实行校、院、系三级管理体制，但学校如何与学院分权仍是一个在探讨中的问题。鉴于学校规模不断扩大，而权力又过分集中在上层的现状，要使院系成为相对独立的办学实体，拥有一定的自主权，以增强基层自主适应能力和自我寻求发展的动力，权力重心必须下移。“当一个系统发展了，变得更加复杂了，如果日常权力继续归中央机构，它就逐渐变得难以管理了，虽然最终的权力可能还继续属于那个机构，但必须操作权下放到下层。”院系的特色是形成学校整体特色的立足点，今后一段时间内应该把基层学科和课程的调整和设置权、科研项目管理权、教师聘用权、资源分配权、人事权等学术、行政权力适当下放给院系一级，允许二级学院在具体的工作实际中创造性地开展教学管理工作。

四、提高等教育学管理专业化水平

现代大学组织的复杂程度、功能扩张、参与社会领域之的深入，使得管理本身成为一种专门的学问。教学管理工作不是一成不变的，它也应该是与时俱进的，需要有创新与创造能力的人来管理，还需要他们通力协作。在素质教育背景下基于对高职教育教学管理规范化、制度化和高效管理的客观要求，推进高职教育教学管理专业化水平与程度便成为迫切的需要。搞好高职教育教学管理主要是用人与立法，一切教学管理法规，又都是要依靠人来组织制定和实施。为此，教学管理的任务确定以后，干部起决定作用。但当前许多高职教育教学管理改革存在误区，一是认为管理就是服务，既然是服务，则态度为要，对管理者管理水平的要求则在次；二是对学校行政本身的管理缺乏人力资源管理的理念，机构和编制改革片面强调精简，定编缺乏弹性，管理人员的业务。进修缺乏时间保证和政策支持；三是误把高学历、高职称教师担任行政领导职务当作提高管理的专业化水平。管理的高水平、高效率需要管理的专业化作前提保证，当前教育部在若干院校试行的教育职员制度是推进管理专业化的重要举措。就高职本身而言，要推进管理专业化，第一，摒弃“管理就是服务”的思想，树立“管理是科学、管理出效益、管理是生产力”的理念；第二，高职组织结构的改革必须遵循学习型组织设计的原则。让管理者和组织成员在受到充满政策支持和鼓励的组织学习氛围中不断获得与岗位相适应的管理专门化知识能力体系的训练；第三，提高管理的专业化和造就专业化的管理队伍，可采用不同的途径和措施，其中可以借鉴美国重视教育管理专门化人才的培养；第四，正确处理高学历与专业化的关系。提高管理者的学历和职称是发展的一种趋势，强调学历不一定是唯学历主义，而是要求管理者有较高的高等教育管理专业化水平，即具有与时代发展相适应的高等教育管理综合知识体系、新思维和新方法。教育管理人员的专业化不能混同于某个专业的专家化，不能把优秀的学科专家提拔成蹩脚的管理家。第五，充分为教学管理人才发挥聪明才智创造一个和谐的竞争环境，从而充实、更新、加强教学管理队伍，进一步满足高职多出人才、出好人才的迫切需要，完成时代赋予高等学校的伟大历史使命。

第四节 学生自主学习制度的建立

学分制是一种符合素质教育与创新教育思想的教学管理制度。因此，实行真正学分制管理，是我国高职教育教学管理制度改革的必然选择。

一、改革人才培养模式，改变教学计划为培养计划

人才培养模式是学校为了实现其培养目标而采取的培养过程的构造样式和运行方式，它主要包括专业方向、课程模式、教学设计、教育方法、教学资源配置、培养途径与特色、实践教学等构成要素。人才类型相同，培养模式可不同，任何一种模式，都有其独特的框架。高职要培养出高质量的创新型人才，必须构建适应社会发展需要的、具有鲜明时代特征的人才培养模式。在知识经经济时代，素质教育的背景下，社会需要的是具有创新精神的个性型、合作型和复合型人才，高职以“厚基础、宽专业、强能力、高素质”为培养目标，对学生进行加强基础、拓宽专业、注意复合、重视能力、提高素质的综合培养。

教学计划是根据一定的教育目标和培养目标制订的教学和教育工作的指导性文件。教学计划历来是学校培养人才、组织教学的主要依据，但缺乏完整的素质教育的内容。在推进素质教育的今天，构建新的人才

培养模式是培养高素质的创新型人才的现实要求，因而要变教学计划为培养计划。构建加强基础、注重实践、培养能力、提高素质，使知识、能力、素质融为一体的培养计划。在培养计划中，将理论教学、实践教学和课外教育培养活动整体优化，统筹安排。通过产学研结合、必修与选修结合、共性与个性发展结合、教学管理实行目标管理与过程管理结合，实施培养计划，将素质教育的思想贯穿教学管理工作的始终，使学生全面协调发展。

二、加大高职生自主选择教师、专业、课程和学习方式的力度

实行教师挂牌上课，扩大学生选择教师的权利。各高职应努力创造条件逐步放宽转专业的条件和比例限制，在引导大学生理智地选择专业的同时，允许学生根据自己的兴趣、爱好、特长自主选择专业、变更主修专业或中途转学，以满足其个性充分发展。在这个方面，有些高职已实行了按文理大类或学科大类招生的做法不失为一种较好的办法，可为学生自主学习提供更加自由的选择空间。也要改革刚性的培养计划，控制必修课，提高选修课尤其是任意选修课的比例，鼓励教师开设跨学科、跨专业选修的制度保证。还可允许学生根据自己的学习能力和实际条件选择达到学习结果的学习方式，不必苛求统一的时间、地点和媒体，这样有利于培养学生自我负责的精神和自主学习的能力。

三、提倡弹性学制

弹性学制是高于学分制的一种教学管理制度，弹性学制是以完全学分制为基础的，具有较大灵活性的教学管理制度与人才培养模式。弹性学制克服目前高职教育教学管理中存在的教学计划统筹过多、培养模式单一、学时偏多、专业面窄等弊端，可以适应学生的不同情况和学习安排教学，在保持统一性的前提下，突出教学的个性化。弹性学制的本质在于尊重并引导学生自主选择，教会他们自我管理。实施弹性学习制度，

有利于学生综合素质的提高和创新能力的培养，对进一步推进因材施教、增强办学活力、提高等教育学质量具有积极的意义。

弹性学制有助于学生根据自身实力调整学习进度。学生可以根据自己特点，如个人的、社会的、经济的、家庭的现实情况决定学习时间和学习量的多少，从而决定自己提前或推迟毕业。学制的弹性化有利于优秀人才的脱颖而出，也为遇到各种困难需要中途停学的学生再次进校学习提供条件，教会他们自我管理。这表现在以下两个方面：第一，弹性学制尊重学生的自主选择，弹性学制是以学分制为基础的教学管理制度，学分制又与选课制紧密相连，这就决定了可选择性是弹性学制的本质特征；第二，弹性学制是“刚柔相济”的制度，弹性学制并不排斥刚性的成分，刚性是为弹性服务而存在的。学习自由的理念是支撑弹性学制的哲学理念，但学习自由并不等于学习随心所欲。高职在实施弹性学制的过程中，采取按专业大类招生，按专业大类培养的模式。但对学生的课程修习却有相应规定，即先学基础课、后学专业课。有些课程必须学，有些则可以选学，在二者之间还要规定比例。需要明确的是，尽管刚性仍然存在，但弹性学制之弹性才是其主要方面，刚性是为弹性服务而存在的。

弹性学制以学生更加灵活地自主选择专业方向、选修课程、选择教师、选择安排专业进程为标志，以全面提高等教育学质量为目的，以发展学生特长与个性培养为特色。多样性是个性发展与创新的基础，教学管理制度改革的关键在于创建适应多样化人才培养环境，为学生的发展提供多样化的发展途径。创造学生可以按照自我特点和自愿自主设计方向的宽松的学习环境。

结语

出于研究问题论述的需要，本人参考了同行及专家大量的学术著作，同时也应用了相关学科的理论知识，帮助分析解决问题，以便达到研究清楚的目的。但是在解决问题时，受理论水平低、相关学科知识不足的限制，不能全面提出建议，有的甚至是浅尝辄止，如政策调整、创意障碍突破等；有的就避开了，因为确实没有找到相关的论证依据。已提出的建议，大概也只能起抛砖引玉的作用。这也是本人今后继续研究的方向和需要深入的地方。

感谢我的同事们，感谢他们的支持与合作，没有他们的加入，我的研究就无从开展。感谢我的家人!他们在我写作过程中给予了大力支持、理解和关怀。为了能够使我安心写作，他们分担了家庭的大部分重任，我所取得的每一点进步，都凝聚着家人大量的心血和付出。

参考文献

[1]许红菊，韩冰. 以供给侧改革思路提高高职教育吸引力[J]. 职教论坛，2016，（16）：16—20.

[2]胡冰，李小鲁. 论高职院校思想政治教育的新使命——对理性缺失下培育“工匠精神”的反思[J]. 高等教育探索，2016，（05）：85—89.

[3]郭建如. 高职教育的办学体制、财政体制与政校企合作机制——对浙江省高职教育资源获取的制度分析[J]. 高等教育研究，2015，36（10）：56—63.

[4]杨理连. 高职教育技术技能人才质量管理研究述评[J]. 高等工程教育研究，2015，（05）：163—168.

[5]钟无涯. 高职教育与经济增长——基于中国的经验证据：2004-2013[J]. 教育与经济，2015，（04）：38—45.

[6]杨理连. 高职教育质量管理：内涵审视、体系构建及其评价[J]. 中国高等教育研究，2015，（06）：99—102.

[7]解水青，秦惠民. 阻隔校企之“中间地带”刍议——高职教育校企合作的逻辑起点及其政策启示[J]. 中国高等教育研究，2015，（05）：85—90.

[8]王振洪. 高职教育改革创新的实践困境与路径抉择——基于布迪厄“实践逻辑”的分析[J]. 高等工程教育研究，2015，（02）：153—158.

[9]金昱伶. 我国高职教育校企合作的现状、问题与对策[D].西南政

法大学，2015.

[10]丁金昌. 实践导向的高职教育课程改革与创新[J]. 高等工程教育研究，2015，（01）：119—124.

[11]郭艳梅，李中国. 我国高职教育经费投入：数据分析与政策建议[J]. 教育学术月刊，2014，（11）：49—54.

[12]李玉珠. 高职教育的类型特征及其分析[J]. 中国高等教育研究，2014，（10）：107—110.

[13]吕景泉，汤晓华，周志刚. 建设国际化高职教育专业教学标准的学理考量[J]. 中国高等教育研究，2014，（09）：102—105.

[14]王丽媛. 高职教育中培养学生工匠精神的必要性与可行性研究[J]. 职教论坛，2014，（22）：66—69.

[15]吴建设. 高职教育推行现代学徒制亟待解决的五大难题[J]. 高等教育研究，2014，35（07）：41—45.

[16]贾文胜. 高职教育专业建设的五大问题浅析[J]. 高等工程教育研究，2014，（04）：163—167.

[17]高文杰. 面向MOOC的高职教育机遇与路径研究[J]. 成人教育，2014，34（07）：52—57.

[18]徐成钢. 国外高职教育发展的模式、特色及对我国的启示[J]. 学术界，2014，（06）：228—237+312.

[19]丁钢. 论高职教育的生态发展[J]. 高等教育研究，2014，35（05）：55—62.

[20]王琪，任君庆. 中高职教育衔接机制的理论探讨[J]. 高等工程教育研究，2014，（03）：181—185.

[21]张科. 湖南省高职教育服务区域经济存在的问题及对策研究[D].江西科技师范大学，2014.

[22]张健. 高职教育发展转型：意义、方式与路径[J]. 中国职业技术教育，2014，(09)：5—11.

[23]杨明. 高职教育微课开发综合讨论[J]. 职教论坛，2014，(06)：65—70.

[24]汪建云，王其红. 高职教育政校企协同合作的困境与突破[J]. 中国高等教育研究，2014，(01)：97—100.

[25]鲁雁飞，张文，刘信波. 国内外高职教育集团化办学的比较研究[J]. 国家教育行政学院学报，2014，(01)：14—18.

[26]张新科，邓虹. 论高职教育专业文化[J]. 教育发展研究，2013，33（21）：77—81.

[27]高涵，唐智彬. 信息化时代高职教育课程改革初探[J]. 中国高等教育研究，2013，(09)：107—110.

[28]祝士明，马东东. 中高职教育课程衔接的思考[J]. 职业技术教育，2013，34（25）：37—41.

[29]蔡忠华. 我国高职教育资源配置研究[D].福建师范大学，2013.

[30]孔爽. 服务山东半岛蓝色经济区建设的高职教育发展战略研究[D].山东财经大学，2013.

[31]丁金昌. 高职教育对接区域经济的现状分析与路径选择[J]. 高等教育研究，2013，34（03）：61—66.

[32]徐国庆. 高职教育课程质量评价指标研究[J]. 中国高等教育研究，2013，(02)：89—93.

[33]周建松，唐林伟. 高职教育人才培养目标的历史演变与科学定位——兼论培养高适应性职业化专业人才[J]. 中国高等教育研究，2013，(02)：94—98.

[34]徐平利. 试论高职教育“协同育人”的价值理念[J]. 职教论坛，

2013，（01）：21—23.

[35]张良. 职业素质本位的高职教育课程建构研究[D].湖南师范大学，2012.

[36]戴文静，周金城. 基于基尼系数的高职教育生均经费地区配置公平性研究[J]. 中国高等教育研究，2012，（10）：99—103.

[37]董刚，杨理连. 高职教育高素质技术技能型人才培养质量研究[J]. 中国高等教育研究，2012，（09）：91—94.

[38]刘志峰. 高职教育实施第三方评价的主要问题与改进策略[J]. 职业技术教育，2012，33（19）：49—54.

[39]张启富. 我国高职教育试行现代学徒制的理论与实践——以浙江工商职业技术学院“带徒工程”为例[J]. 职业技术教育，2012，33（11）：55—58.

[40]王晓华. 基于“校企共同体”的高职教育服务社会能力探析[J]. 中国职业技术教育，2012，（03）：16-21.

[41]沈建根，石伟平. 高职教育专业群建设：概念、内涵与机制[J]. 中国高等教育研究，2011，（11）：78-80.

[42]丁金昌. 关于高职教育体现“高等教育性”的研究与实践[J]. 教育研究，2011，32（06）：68—72.

[43]王全旺. 高职教育与劳动力市场需求协调发展研究[D].天津大学，2010.

[44]李进. 关于高职教育可持续发展的哲学思考[J]. 中国高等教育研究，2010，（02）：6—10.

[45]陈芹. 我国高职教育校企合作办学的困境与对策探讨[D].西南大学，2009.

[46]龚丽. 我国高职教育人才培养模式存在的问题与对策研究[D].

西南大学，2008.

[47]王媛. 高职教育的实践教学体系研究[D].河北工业大学，2008.

[48]壮国桢. 高职教育“行动导向”教学体系研究[D].华东师范大学，2007.

[49]刘耀文. 高职教育特色研究[D].山东师范大学，2006.

[50]贺新元. 高职教育教学模式的研究[D].天津大学，2004.